Rouge sur blanc

& ROUTES DES VINS
PORTRAITS DE VIGNERONS

+ DE 250 PRODUITS TESTÉS

Québec
Crédit d'impôt livres
Gestion SODEC

Gouvernement du Québec – Programme de crédit d'impôt
pour l'édition de livres – Gestion Sodec

info@lesmalins.ca

Éditeur : Marc-André Audet
Éditrice adjointe : Marie-Pascale Danis
Auteur : Ronald Georges
Correctrices : Fleur Neesham, Justine Chevrier-Lord, Fannie Bellerive, Dörte Ufkes
Directrice artistique : Shirley de Susini
Photo de la couverture : François Couture
Conception de la couverture : Shirley de Susini
Mise en page : Diane Marquette, Shirley de Susini
Crédits photos (vignobles) : François Couture
Crédits photos (fiches des vins et spiritueux) : saq.com

Dépôt légal – Bibliothèque et Archives nationales du Québec, 2019
Dépôt légal – Bibliothèque et Archives Canada, 2019

ISBN : 978-2-89657-710-1
ISBN PDF : 978-2-89657-084-0
ISBN ePub : 978-2-89657-085-7

Imprimé au Canada

Les éditions les Malins inc.
Montréal (Québec)

Financé par le gouvernement du Canada | Canada

ASSOCIATION NATIONALE DES ÉDITEURS DE LIVRES

TOUS LES LIVRES DES MALINS
SONT ÉGALEMENT DISPONIBLES
EN FORMATS NUMÉRIQUES

À LA DÉCOUVERTE DES VINS ET SPIRITUEUX DU QUÉBEC

Rouge SUR BLANC

& ROUTES DES VINS
PORTRAITS DE VIGNERONS

+ DE 250 PRODUITS TESTÉS

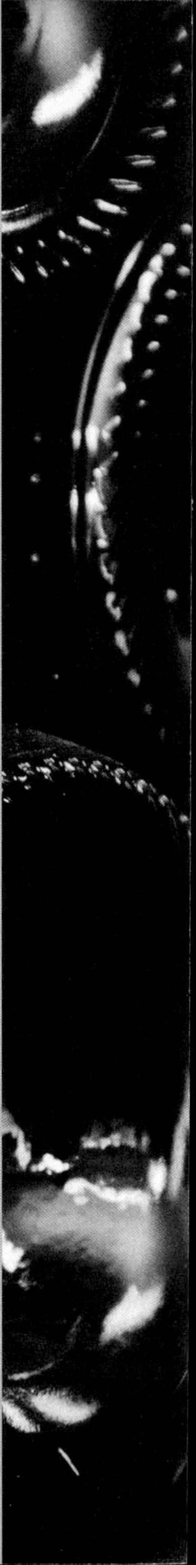

TABLE DES MATIÈRES

AVANT DE COMMENCER • 7

PORTRAITS DE VIGNOBLES • 27

Montérégie • 29

Estrie • 97

Laurentides • 147

Centre du Québec • 159

Lanaudière • 167

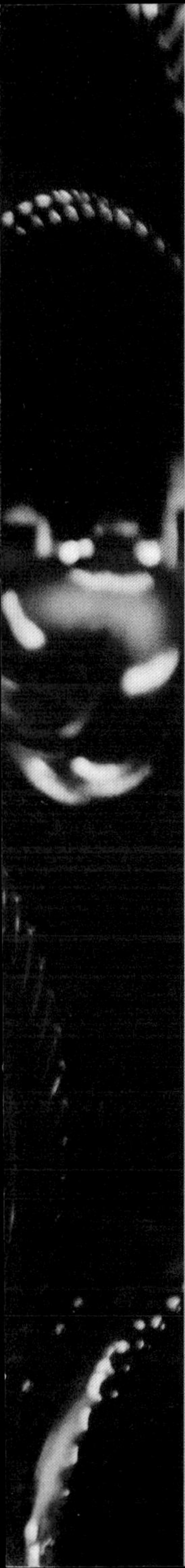

GUIDE DE DÉGUSTATION • 174

Vins du Québec • 177

Vins du Canada • 213

Spiritueux du Québec • 241

LEXIQUE DU VIN • 280

INDEX DES VIGNOBLES • 284

INDEX DES VINS ET SPIRITUEUX • 285

REMERCIEMENTS • 292

AVANT DE COMMENCER

ROUTE DES VINS

RONALD GEORGES

Né en Haïti, je suis arrivé au Québec tout bébé. Je suis donc un Québécois d'origine haïtienne.

Enfant, je passais mon temps à jouer avec la chaîne stéréo du foyer et dès l'adolescence, la radio est devenue une de mes passions. C'est en suivant ce champ d'intérêt que j'en suis venu à travailler à la radio de Radio-Canada, la même année où le « World Wide Web » est arrivé chez le diffuseur national. Ainsi, en 2000, j'ai été engagé au département des médias numériques et j'ai pu rapidement combiner les deux médias, la radio et le web, dans mes fonctions.

À la maison, lorsque j'étais enfant, il n'y avait pas de vin, si ce n'est du Mateus rosé et sucré et du vin en vrac vendu dans des bouteilles de verre opaque de 4 l. La culture vinicole de ma famille se résumait donc à cela, comme celle de bien des familles québécoises des années 1970.

Le vin, je suis tombé dedans lors de mon premier voyage en Europe, plus exactement en France, après mes études universitaires de premier cycle. En parallèle de ma carrière à Radio-Canada, mon intérêt pour le vin s'est amplifié, surtout après quelques séjours en France. Au point où j'ai décidé de suivre un cours de sommellerie à l'Institut de tourisme et d'hôtellerie du Québec. Après l'obtention d'un diplôme de sommellerie-œnologie en 2006, je me suis lancé dans la chronique vinicole. De 2011 à 2014, je tenais un blogue sur le vin, *Millésime*, publié de façon bihebdomadaire sur le site de Radio-Canada. Depuis que la dernière goutte de cette belle bouteille millésimée s'est écoulée, je continue d'écrire sur le vin sur mon blogue personnel (ronny40.wordpress.com).

Pour moi, le vin est synonyme de partage : partage d'une bonne bouteille avec les êtres aimés, mais aussi, et surtout, partage d'informations, de culture et de passion.

INTRODUCTION

Chaque fois que je visite un vignoble québécois, une chose me saute aux yeux : la passion des propriétaires des lieux. Cultiver du raisin, produire et vendre du vin donnerait des nuits blanches à n'importe quel être normalement constitué, mais les vignerons québécois n'abandonnent pas la partie.

Ces derniers font face à plusieurs défis, dont les maladies de la vigne (menace commune à tous les vignobles du monde), le climat nordique et la féroce compétition qu'il faut mener contre les producteurs étrangers, puisque les vins de la Belle Province sont des nouveaux venus sur le marché international du vin.

Afin de constituer la première partie de cet ouvrage, je suis allé, avec grand plaisir, rencontrer quelques-uns de ces passionnés afin d'en apprendre davantage sur la mise sur pied de leur domaine, leur parcours personnel et leur manière de cultiver le raisin et de le vinifier. Le compte rendu de ces visites se trouve dans la section « Portraits de vignobles ». Des domaines établis depuis plusieurs années, tout comme d'autres fondés récemment figurent parmi les établissements visités dans le cadre de la rédaction de ce guide.

Chacun de ces portraits se termine par mes suggestions de bouteilles à acheter sur place, puisqu'une bonne partie des vins québécois sont en vente directement sur le lieu de leur production. Lorsque les vins sont également vendus dans des épiceries, j'en fais mention. Vous trouverez une description sommaire des produits mis en lumière, ainsi que des suggestions d'accords alimentaires pour chacun d'eux.

Cette vingtaine de portraits est imagée grâce au talent exceptionnel du photographe François Couture, avec lequel j'ai sillonné les régions des Cantons-de-l'Est, des Basses-Laurentides, de Lanaudière, de la Montérégie et de l'ouest du Québec. Tous les deux, nous avons remarqué une chose : certains vignobles, lieux et paysages sont de toute beauté, à l'instar de tant d'autres régions viticoles du monde.

La deuxième partie de cet ouvrage consiste en un guide de dégustation des produits que l'on trouve couramment à la Société des alcools du Québec (SAQ). En commençant par les vins québécois, je vous propose une courte critique de chaque produit, ainsi que son accord avec des mets.

N'oublions pas les vins canadiens – surtout de l'Ontario et de la Colombie-Britannique –, qui se taillent une appréciable part du marché de la vente à la SAQ. Ils figurent eux aussi dans la deuxième partie de ce guide.

De plus, la popularité de la production et de la vente de spiritueux au Québec m'a vivement intéressé. C'est pourquoi j'ai voulu leur consacrer une bonne place parmi les fiches techniques. J'y recense des spiritueux (gin, vodka, liqueur, rhum) façonnés dans la Belle Province par des entrepreneurs et des distillateurs passionnés par leur métier. Enfin, un index du vin, situé à la toute fin du livre, contient la définition des principaux termes associés à la culture et à la production vinicole.

J'espère que ce guide vous fournira un portrait juste d'une partie des vignobles du Québec, 40 ans après la fondation des premiers établissements.

LE VIN AU QUÉBEC : UNE HISTOIRE JEUNE

Lorsqu'on compare l'histoire de la production commerciale de vin au Québec et au Canada à celle des pays européens comme la France, l'Italie et l'Espagne, on se rend compte qu'elle a à peu près l'âge d'un nouveau-né.

La littérature sur le sujet est donc rare, mais essayons quand même de retracer les premiers pas des précurseurs vitiviniculteurs québécois.

Lors de son deuxième voyage en Nouvelle-France, en 1535, Jacques Cartier aborde en septembre une île solitaire, bourrée de vignes sauvages, qu'il nomme « Île de Bacchus[1] ». Aujourd'hui, cette île s'appelle l'Île d'Orléans, renommée ainsi par Jacques Cartier en l'honneur du duc d'Orléans, fils du roi de France François 1er.

Lors de ses explorations subséquentes en Nouvelle-France, l'explorateur français rapporte d'Europe des plants de vigne, après avoir constaté le potentiel de la viticulture sur le nouveau continent.

Ces plants vont-ils cependant résister au féroce hiver québécois ? Non, bien sûr, mais l'amour du vin allait au moins être ancré au cœur de la culture de la Belle Province dès le début des établissements de colons européens.

Du vin importé

Tout au long du régime français (1608-1760), le vin rouge de table est importé de France. Sur place, les vignes sauvages

pullulent. Des vignes européennes continuent d'être importées, mais en quantité minime.

Après la chute du régime français, les Canadiens-Français produisent du vin pour leur consommation personnelle. Les membres du clergé catholique s'y adonnent également, comme c'est le cas dans bon nombre d'abbayes et monastères un peu partout dans le monde[2].

Une poussée de croissance

La production reprend un peu de vigueur de 1850 à 1900, grâce à l'introduction dans la province de cépages hybrides ontariens ou américains. Une trentaine de petits vignobles assurent la production au Québec seulement.

Dans son *Traité sur la culture du raisin sauvage,* publié en 1889, l'auteur Arthur Desfossès[3] encourage la culture de la vigne sauvage, dont le succès est même comparable à celui du tabac canadien, recherché à l'époque. En plus de cela, l'auteur vante les vertus du fer contenu dans les tannins du vin pour argumenter en faveur de la culture viticole !

De plus, la vigne sauvage ne craint pas le gel. Arthur Desfossès conseille même de la cultiver dans les Laurentides et il croit à la possibilité de tenter l'expérience dans les terroirs du Haut-Saguenay et du Haut-Saint-Maurice !

Avant 1898, le raisin sauvage se vend deux ou trois sous la livre. Ce prix augmente à 10 sous en moins de cinq ans. La publication du livre d'Arthur Desfossès aurait-elle quelque chose à voir avec cette inflation des prix ?

À l'époque, l'entreprise Frégeau et frères, pommes et vignes, située à Rougemont, est une des plus importantes compagnies du milieu.

Cependant, un déclin de la production de vin au Québec s'amorce pour trois raisons. D'abord, les viticulteurs rencontrent de graves problèmes de gel. Ensuite, en 1921, vient la création de la Régie des alcools du Québec, qui réglemente la production afin d'améliorer la qualité des produits alcoolisés. Finalement, l'intervention du pouvoir religieux sur la consommation d'alcool vient réduire la clientèle, et donc la demande pour de tels produits[4].

Après la Seconde Guerre mondiale, l'intérêt pour le vin renaît toutefois doucement, pour s'accélérer avec l'arrivée de la Révolution tranquille.

Un premier vignoble québécois

La véritable renaissance de la production viticole au Québec survient cependant après 1975, avec l'implantation à Charlesbourg, près de Québec, du Vignoble communautaire de Bourg-Royal. La consommation du vin qu'on y produit est réservée aux membres de cette coopérative[4].

Dans la décennie suivante, des entrepreneurs et des vignerons audacieux fondent les premiers vignobles commerciaux, surtout dans les Cantons-de-l'Est : les vignobles La Vitacée et Angell, le Domaine des Côtes d'Ardoise, L'Orpailleur, le Saint-Alexandre, le Cep d'Argent et le Dietrich-Jooss[5].

L'Association des vignerons du Québec voit le jour en 1987. En 1993, les vignerons québécois produisent 221 000 bouteilles, vendues au prix moyen de 12,80 $[6].

En 1998, 30 vignobles commerciaux ont pignon sur rue au Québec, et 28 d'entre eux sont membres de l'Association des vignerons. À l'époque, il fallait 5000 plants pour obtenir le permis de producteur commercial. Une fois la production de vin terminée, le producteur ne pouvait la vendre que sur place, à son domaine[7].

L'Association des vignerons du Québec devient, en 2018, le Conseil des vins du Québec (CVQ). Elle compte aujourd'hui 63 vignobles parmi ses membres. En tout, les vignobles québécois comptent 467 hectares de vignes et produisent près de 2300000 bouteilles, pour une valeur totale de 24800000 $[8].

En parallèle, une autre association a vu le jour en 2006, celle des Vignerons indépendants du Québec (VIQ), qui comprend 55 membres, soit des vignerons et des professionnels du milieu.

Avec 45 % du total de la production, le vin blanc représente le produit principal au Québec. Les autres types de vins le suivent dans ces proportions :

- vin rouge : 28 %
- vin rosé : 17 %
- vin mousseux : 7 %
- vin de glace : 1 %
- autres (les vins mutés, par exemple) : 2 %[8]

Après une éclosion plus ou moins régulière, force est de constater que le vignoble québécois quitte maintenant peu à peu le stade de l'enfance pour arriver à celui de la maturité. Même s'il ne pourra malheureusement jamais rivaliser, en termes de volume de production, avec les plus grands vignobles du Vieux Continent.

L'INDICATION GÉOGRAPHIQUE PROTÉGÉE (IGP) DU QUÉBEC

Depuis le millésime 2018, les producteurs de vin peuvent déclarer leur production sous cette appellation, à l'image de l'Appellation d'origine protégée européenne. Afin de mériter l'IGP, les vins doivent avoir été produits avec des raisins qui proviennent absolument du Québec, cultivés dans l'aire géographique délimitée par l'Indication[1]. La production du vin doit également respecter un cahier des charges précis qu'on peut se procurer auprès du Conseil des appellations réservées et des termes valorisants (CARTV)[2].

Les vins tranquilles, effervescents et liquoreux vendus selon le cahier des charges peuvent eux aussi obtenir l'appellation IGP, puisque celle-ci reconnaît différents types de vins, notamment : le blanc, le rouge, le rosé (parfois appelé vin gris), les mousseux, le pétillant, le vin de vendange tardive et de vendange tardive sélective, et le vin de raisins passerillés.

Notez qu'en 2014, le ministère de l'Agriculture, des Pêcheries et de l'Alimentation a reconnu l'IGP Cidre de glace du Québec et l'IGP Vin de glace du Québec.

VIN DU QUÉBEC

IGP

LOI SUR LE DÉVELOPPEMENT DE L'INDUSTRIE DES BOISSONS ALCOOLIQUES ARTISANALES (LOI 88)

Adoptée en 2016[1], cette loi autorise les producteurs artisanaux et les coopératives de vignerons à vendre et à livrer aux épiceries leurs boissons alcooliques, à l'exception des spiritueux et des alcools affichant un taux supérieur à 16 %. Ainsi, le marché de la vente de vins s'est élargi à l'extérieur du réseau de la Société des alcools du Québec (SAQ).

Cette loi permet que les vins de table embouteillés au Québec et vendus en épicerie mentionnent leur appellation d'origine et indiquent leur(s) cépage(s) sur l'étiquette de la bouteille. La qualité et la traçabilité du produit sont ainsi assurées, surtout en cette période où le consommateur aime acheter des produits locaux.

Afin de se conformer à la loi 88, les vins vendus en épicerie doivent pour le moment contenir au moins 50 % de raisins du producteur québécois, qu'ils soient frais ou transformés. Jusqu'à 15 % de raisins frais ou transformés, de jus ou de moûts concentrés peuvent pour leur part provenir de l'extérieur du Québec. Cependant, à partir du millésime 2022, les vins vendus en épicerie devront contenir 100 % de raisins frais ou transformés du Québec. De plus, un minimum de 50 % des raisins, frais ou transformés, seront obligatoirement originaires du producteur ou de la coopérative.

DES CÉPAGES ADAPTÉS AU QUÉBEC

L'histoire de l'implantation des cépages au Québec commence… en France, en 1850, lorsque l'oïdium de la vigne, une maladie causée par un champignon parasite, se répand dans les vignobles du pays. Des cépages hybrides, soit un croisement entre différentes variétés, ont alors été développés en Europe afin de créer des vignes offrant une meilleure résistance aux maladies. Il s'agit, notamment, de cépages comme le seyval, le vidal, le maréchal foch et le saint-pépin.

Cette solution semblait le remède parfait à tous les maux de la vigne, car ces nouveaux cépages résistaient aux maladies telles l'oïdium. Mais qu'en était-il du froid mordant, qui paralysait et tuait les cépages hybrides ?

Il faudra attendre le milieu des années 1970 pour que l'Université du Minnesota lance un grand programme de développement de vignes résistantes aux maladies et au froid. Le marquette, le frontenac noir, gris et blanc et la petite perle voient alors le jour. Grâce à ces nouveaux croisements, les deux obstacles majeurs à la croissance de la vigne pouvaient enfin être surmontés.

Au Québec, dans les années 1980, les vignerons plantent des hybrides européens résistants aux maladies, soit les premiers cépages cités en début de texte. En 1990, ils testent les cépages de l'Université du Minnesota, dont la production se multiplie depuis ses débuts. Après l'adoption de ces plants par les vignerons, l'industrie québécoise du vin connaît une grande croissance, car les coûts de production diminuent de façon importante en raison des pertes moindres.

Les pépiniéristes Alain Breault et Mariette Lagueux sont, avec leur entreprise Viticulture A & M, parmi les principaux fournisseurs de vignes des domaines québécois. La longue et vaste expérience d'Alain Breault lui permet de jeter un regard éclairé sur la viticulture de la Belle Province et d'offrir à ses clients vignerons des plants de qualité. VineTech, une autre compagnie du même genre, est également un grand joueur au Québec et dans le reste du Canada.

Ainsi, l'essor du vignoble québécois s'est fait grâce aux cépages hybrides et rustiques. Depuis quelques années, des vignerons plantent cependant des cépages *vitis vinifera,* considérés comme des cépages européens nobles. Ils regroupent par exemple le pinot noir, le gamay et le chardonnay. Alain Breault estime cette décision risquée en raison des étés québécois très humides et des nombreuses maladies qui peuvent toucher ces cépages. Le pinot noir, difficile à cultiver même dans sa Bourgogne natale, s'avère un choix particulièrement hasardeux, d'après lui. De plus, le pépiniériste ne croit pas nécessairement aux qualités gustatives de ces cépages lorsqu'ils sont cultivés au Québec.

Avec près de 300 000 plants cultivés à l'échelle du Québec, le frontenac blanc est le cépage qui représente le mieux la province, selon Alain Breault. Le petite perle, le marquette, le vidal et le seyval constituent les autres cépages les plus vendus par son entreprise. Le seyval, même s'il demeure populaire, a perdu des plumes par rapport à l'engouement qu'il engendrait il y a 30 ans.

Aujourd'hui, le climat est devenu imprévisible, note le pépiniériste. De 1970 à 2000, un réchauffement général des températures a eu lieu au Québec. Elles se sont ensuite stabilisées de 2000 à 2013. Cependant, depuis 2013, de fréquents gels printaniers (et parfois automnaux, comme celui de septembre 2014) touchent certains vignobles. Par conséquent, plusieurs domaines se sont munis d'éoliennes (à un coût unitaire de près de 40 000 $) et d'autres allument des feux entre les rangs de vigne, comme on le fait dans les vignobles français, notamment dans la région de Chablis.

Personne ne sait quel cépage sera le mieux adapté aux changements climatiques à venir, poursuit Alain Breault. Chose certaine, d'autres cépages plus résistants feront leur apparition à court ou à moyen terme.

Selon le Conseil des vins du Québec, les 10 cépages les plus plantés au Québec en 2018 étaient les suivants :

- le frontenac noir, à 12 % ;
- le vidal, à 10,6 % ;
- le frontenac blanc, à 9 % ;
- le seyval blanc, à 8,4 % ;
- le marquette, à 7,7 % ;
- le frontenac gris, à 6,3 % ;
- le saint-pépin, à 3,8 % ;
- le maréchal foch, à 3,4 % ;
- le pinot noir, à 3,2 % ;
- le chardonnay, à 2,9 %[1].

SOURCES

Le vin au Québec : une histoire jeune

1. Jacques Cartier, Bernard Allaire, L'Encyclopédie canadienne, 2013, repéré en ligne : <www.thecanadianencyclopedia.ca/fr/article/jacques-cartier>.

2. « De la Nouvelle-France à nos jours : une tradition viticole tenace au Québec », Dubois, J. M., *Cap-aux-Diamants*, (65), 32-37, 2001.

3. *Traité sur la culture du raisin sauvage*, Arthur Desfossès, Montréal, C.O. Beauchemin et fils, 1889.

4. *Culture de la vigne dans la province de Québec*, Ministère de l'Agriculture-Service de l'horticulture, Gabriel Billault, 1941.

5. « L'entreprise viti-vinicole au Québec : entre "froidure" et vente au vignoble », Laurent Deshaies, Jean-Marie M. Dubois, *Annales de géographie*, no 591, juillet-août 1996.

6. « Profession viti-viniculteur », ICI Radio-Canada Première, 20 septembre 1998, repéré en ligne : <https ://bit.ly/2WsDciC>

7. Terroirs d'ici, Société des alcools du Québec, 2002.

8. Conseil des vins du Québec (CVQ), repéré en ligne : <cvquebec.com/lassociation>

L'Indication géographique protégée (IGP) du Québec

1. Conseil des vins du Québec, repéré en ligne : <cvquebec.com/certification-igp>

2. Conseil des appellations réservées et des termes valorisants (CARV), repéré en ligne : <www.cartv.gouv.qc.ca/appellation-reservee-igp-vin-du-quebec>

Loi sur le développement de l'industrie des boissons alcooliques artisanales (loi 88)

1. « Loi sur le développement de l'industrie des boissons alcooliques artisanales », Assemblée nationale, 2016, repéré en ligne : <http://bit.ly/31niQWS>

Des cépages adaptés au Québec

1. Fabien Gagné, Encépagement des membres du Conseil des vins du Québec – Édition 2018, Conseil des vins du Québec, 2019, 1 p.

PORTRAITS DE VIGNOBLES

MONTÉRÉGIE

Coteau Rougemont

coteaurougemont.com

1105, Petite Caroline
Rougemont (Québec) J0L 1M0

Claude Robert, président du vignoble.

Les camions jaunes Robert qui parcourent les autoroutes québécoises, vous connaissez ? Si oui, sachez que les propriétaires de cette entreprise, la famille Robert, ont résolument mis le pied sur l'accélérateur lorsqu'ils ont acquis, en 2006, les terres occupées par la congrégation des Oblats depuis 1935. C'est ainsi que prenait vie le vignoble Coteau Rougemont.

Rougemont étant l'une des capitales québécoises de la pomme, le domaine contenait à l'époque 40 000 pommiers (il en dénombre 60 000 aujourd'hui). Claude Robert, alors président du groupe de transport portant son nom de famille, a proposé de planter des vignes en plus des pommiers. En 2007, 3 500 vignes étaient donc ajoutées aux arbres fruitiers existants. En 2018, la famille Robert a introduit 10 000 nouveaux plants. Aujourd'hui, le Coteau Rougemont compte 130 000 vignes réparties sur 27 hectares, du côté sud de la colline de Rougemont. L'objectif est de se rendre à 200 000 dans quelques années.

Les premières années, la production était surtout constituée de cidre tranquille et de glace. En 2010, une cuvée de vin non vendue au public a également vu le jour. En 2017, le Coteau Rougemont a produit 40 000 bouteilles de vin. La production de cidre de glace du domaine a pour sa part grandement diminué.

Depuis l'accroissement de la production vinicole du domaine, Claude Robert a laissé les rênes de la présidence du Groupe Robert à son fils, Michel, pour se consacrer à temps plein au domaine. Celui-ci, ainsi que ses filles, Isabelle et Julie, sont aussi actifs dans le vignoble et dans le verger.

Le Coteau Rougemont cultive trois cépages *vitis vinifera*, soit le chardonnay, le pinot gris et le pinot noir (celui-ci entre seulement dans la composition du vin rosé). L'hiver, ils sont tous protégés par des toiles géotextiles. Les cépages hybrides représentent 70 % des cépages du vignoble et ils comprennent du frontenac blanc, gris et noir, du vidal, du saint-pépin, du marquette, de la petite perle, du sainte-croix et du crescent.

Pour l'instant, le domaine offre 25 produits, tant de cidres que de vins. Il est donc sans conteste un des grands joueurs du vin au Québec.

Quoi boire, quoi acheter

La boutique du domaine, adjacente à une salle de réception, est réellement accueillante avec son foyer au gaz (qui est très apprécié lors des visites et des événements l'hiver) et sa vue sur les environs bucoliques. Cet ancien poulailler, rénové en 2012, peut accueillir de 80 à 100 convives pour divers événements (mariages, anniversaires, etc.). L'été, une tente est érigée sur la terrasse située à l'arrière de la boutique.

Quelques vins sont en vente à la SAQ, donc si vous êtes sur place, laissez-vous tenter par ceux vendus uniquement au domaine.

Parmi ceux-ci, Le Versant Rosé Bulles est un vin simple, mais qui tient la route grâce à des saveurs de fraise, de fruits mûrs, de cerise fraîche et d'une légère pointe de sucre. À servir pour l'apéritif, avec des entrées de melons et de prosciutto.

Le pinot gris est pour sa part absolument délicieux et rond en bouche. Les notes de fruits confits, d'abricot et de pêche ainsi qu'une vive acidité, agréablement caractéristiques du pinot gris, vous surprendront. À 7 grammes de sucre par litre, c'est un excellent vin pour l'apéritif et les fromages à pâte ferme.

Coteau St-Paul

www.coteau-st-paul.com

1595, rue Principale Est
Saint-Paul-d'Abbotsford
(Québec) J0E 1A0

Nicholas Pomerleau, copropriétaire.

Fondés en 1998 par Jean-Guy Gosselin, le vignoble et la cidrerie Coteau St-Paul sont aujourd'hui la propriété de Normand Pomerleau et de son fils, Nicolas, et ce, depuis 2015. Ce dernier a commencé à travailler au vignoble comme stagiaire, à 18 ans, et y a œuvré avec l'ancien propriétaire. L'achat du domaine a eu lieu après sa formation à l'Institut de technologie agroalimentaire de Saint-Hyacinthe, puis à l'Université Laval, en agroéconomie. Nicolas est aujourd'hui le directeur des opérations du lieu, tandis que Jérémie d'Hauteville en est l'œnologue-conseil.

Avant d'acquérir le domaine, Normand Pomerleau détenait une certaine expérience de l'industrie de la transformation alimentaire, puisqu'il avait travaillé pendant 42 ans chez Kraft Canada en tant que responsable des approvisionnements de lait.

Le vignoble de 18,9 hectares comprend 5 hectares de vignes et 6 de pommiers et de vignes de raisin de table. Il est situé à Saint-Paul-d'Abbotsford, au pied du mont Yamaska et aux portes des Cantons-de-l'Est.

Coteau St-Paul produit chaque année 15 000 bouteilles de vin issu de cépages hybrides. Les fruits récoltés sur le domaine sont transformés en mistelles (de raisin, de pomme et de petits fruits) et le public est invité à y pratiquer l'autocueillette du raisin de table.

Dans le but avoué de vendre leurs produits à la SAQ, les Pomerleau planteront d'autres vignes ces prochaines années afin d'accroître leur production. Pour l'instant, les vins sont vendus au domaine, dans quelques IGA et Métro, et dans des épiceries indépendantes de la Rive-Sud, dans la région de Montréal.

Quoi boire, quoi acheter

Les deux blancs du domaine sont à goûter. Le premier, Louisiane, avec son excellent style citronné et fumé, sera parfait en accompagnement d'huîtres, de bourgots, de poulet grillé, de salades ou de pizza aux fruits de mer. Griserie, le deuxième, avec ses 23 g/L de sucre résiduel, se dégustera préférablement à l'apéritif.

Le vin rosé Rose Ligne est floral, épicé et il présente des arômes discrets et un goût fruité (fraise, framboise) tout en retenue. Il est donc un candidat parfait pour l'apéritif estival.

En rouge, le Robe noire Père Marquette, un vin sec élevé en fûts français et américains neufs et usagés, est une valeur sûre. Ses saveurs de cassis, de bois, de vanille, de tabac écrasé, d'épices douces, de menthol et de cacao en font l'accompagnement idéal pour un ragoût de viande rouge.

Le vignoble Coteau St-Paul maîtrise bien la production de vin muté (dans lequel on a ajouté de l'alcool neutre ou de grain). Mention honorable aux São Paulo rosé et rouge. Dans le premier, vous percevrez des saveurs de cerise au marasquin, de chocolat au lait, de café froid, de pruneaux et de fruits séchés. Dans le second, place aux saveurs de chocolat noir, d'épices, de poudre de cacao et de cerise noire. C'est un vin rouge complexe qui s'alliera bien à des fromages persillés. Avec le rosé, les desserts peu sucrés seront préférables.

Deux mistelles de raisin font également partie de l'offre du domaine. Le Muscati déploie une surprenante puissance alcoolique en bouche, qui laisse place ensuite à des arômes de citron confit, d'ananas, de sucre d'orge et de caramel. Le goût de l'alcool est toutefois moins redoutable chez le P'tit Péché, qui offre une palette aromatique de caramel, d'ananas, de bois et de miel.

Domaine de Lavoie

de-lavoie.com

100, rang de la Montagne
Rougemont (Québec)
J0L 1M0

Francis Lavoie, propriétaire

Avec ses 20 hectares et sa production de 127 000 bouteilles en 2017, la famille Lavoie possède un des vignobles et cidreries les plus importants au Québec, car sur ses terres de la Montérégie poussent non seulement la pomme et le raisin, mais aussi la poire.

Originaires de la Gaspésie, Estelle et Francis Lavoie ont acheté un verger en 1983 pour une raison bien précise: procurer à leurs enfants le mode de vie qu'ils avaient connu à la campagne pendant leur enfance. À l'époque de l'achat, les enfants étaient adolescents. Depuis 2008, Francis-Hugues Lavoie, le cadet la famille, est l'un des associés du domaine.

Après quelques années d'exploitation, Les Lavoie se sont aperçus que cultiver la pomme fraîche n'était pas rentable. Francis Lavoie est donc retourné sur les bancs d'école suivre un cours de fabrication de cidre. L'enseignant, un Breton, lui a alors précisé que la fermentation de la pomme était similaire à celle du raisin. Ainsi s'est prise la décision de se lancer dans la production du vin. À la suite de quelques visites de vignobles en Bourgogne en 1994, Francis Lavoie a « eu l'idée folle de planter de la vigne sur un domaine au Québec». L'achat de la propriété, une deuxième parcelle située à côté du verger, s'est concrétisé en 1997.

Francis Lavoie précise que l'emplacement de son vignoble est important. En outre, deux accès routiers le bordent: la route 112 et le rang de la Montagne, ce qui est rare dans les vignobles du Québec. Au Domaine de Lavoie, on croit à l'œnotourisme, d'autant que l'automne venu à Rougemont, la cueillette de pommes a la cote auprès du public.

Des 22500 vignes qu'il comprenait en 1997, le vignoble est passé à 50000 en 2010. De plus, au milieu des années 2000, les Lavoie ont acquis les vignobles Clos Saint-Denis (à Saint-Denis-sur-le-Richelieu) et La Coulée douce (à Saint-Antoine-sur-Richelieu).

Bref, la famille Lavoie possède maintenant des terres couvrant un total de 120 hectares, dont 20 seulement sont exploités; la surface de production de vin, de cidre et de poiré pourrait être multipliée par cinq en ajoutant d'autres plants sur les 100 hectares non cultivés.

La production annuelle du domaine est d'ailleurs en croissance exponentielle depuis 2015. Elle se situait alors entre quatre et six tonnes de raisins l'hectare. En 2017, elle s'élevait plutôt à huit tonnes de raisins. Le nombre de bouteilles produites annuellement s'élevait quant à lui à 45 000 en 2015, à 66 000 en 2016 et finalement à 127 000 en 2017. Normalement, le vignoble pourrait dès maintenant produire 180 000 bouteilles annuellement si une plus grande superficie de ses terres était exploitée, pense Francis Lavoie.

À l'avenir, Francis Lavoie et son fils Francis-Hugues vont planter des cépages *vitis vinifera* qu'ils couvriront avec des toiles géotextiles l'hiver. La décision d'arracher et de remplacer des cépages n'est pas encore prise.

Je confirme : le domaine est majestueux ! C'est un incontournable pour tout œnophile, tant québécois qu'étranger. « Les Québécois ne savent pas que ça existe ici. Je pense qu'on a des propriétés aussi belles ici qu'en Ontario »,

affirme avec fierté Francis Lavoie, qui cite en exemple les vignobles Coteau Rougemont et Rivière du Chêne.

Les installations sont simples, abondantes et vastes. La cave de vieillissement n'a rien à envier aux caves européennes.

Croire au potentiel œnophile du Québec

« J'ai été l'un des premiers à inscrire "100 % Québec" sur mes bouteilles. Il y a une dizaine d'années, ça choquait mes collègues. Au final, suivant mon audace, mes pairs ont décidé de se faire certifier eux aussi. Et là, je suis heureux que ce soit le cas pour tout le monde. En effet, depuis le millésime 2018, les vins québécois peuvent obtenir la certification Indication géographique protégée (IGP). Cette reconnaissance permettra à certains préjugés sur les vins québécois de tomber », croit Francis Lavoie.

Quoi boire, quoi acheter

Les mousseux du Domaine de Lavoie sont produits en cuve close, selon la méthode charmat, qui diffère de la méthode traditionnelle, où la deuxième fermentation a lieu en bouteille. Le mousseux blanc est composé des cépages eona et vidal. Le résultat est surprenant et constitue à mes yeux une aubaine, à près de 17 $. L'ensemble est crémeux, les bulles sont fines et on détecte des saveurs d'ananas, de fruits tropicaux et de sucre, le tout avec une bonne longueur en bouche et une acidité élevée. Le mousseux rosé déploie pour sa part des saveurs de cassis, de framboise, de sucre et de confiture de fraise. Ces deux mousseux sont idéaux pour l'apéritif et pour des entrées légères (croustilles, charcuteries).

De son côté, le vin blanc du Domaine de Lavoie est de texture crayeuse, accompagnée de poire, d'ananas et d'une bonne acidité. C'est un vin blanc au profil facile et agréable, que vous pourrez associer à des sandwichs végétariens.

Le SV318, un blanc créé par un assemblage de seyval et de geisenheim, est excellent malgré une légère note oxydative. Sinon, les accents de sel, de fruits confits, de pomme blette et de pamplemousse vous donneront plus que satisfaction. À accorder avec des salades de fruits de mer.

La Réserve du domaine, un blanc 100 % vidal, renferme des arômes d'ananas, d'herbes aromatiques et de citron et possède une trame minérale. De plus, son élevage en fût discret lui donne des arômes boisés. Il sera agréable avec des poissons blancs légers.

Le vin rosé est très fruité (framboise, cassis, fraise) et est balancé par une bonne présence tannique. Il est préférable de le boire avec des desserts peu sucrés aux fruits rouges.

MONTREAL
CANADA

Domaine des Salamandres

salamandres.ca

196, chemin Covey Hill
Hemmingford (Québec)
J0L 1H0

© Domaine des Salamandres

Sylvain Haut et Denise Lavoie, propriétaires.

« On travaille avec notre cœur », affirment avec chaleur Sylvain Haut et Denise Lavoie, qui ont acquis presque toutes leurs connaissances viticoles par eux-mêmes, à force de travailler. Après l'installation du couple à Hemmingford en 2001, Sylvain Haut a été employé de la cidrerie La Face cachée de la pomme. Son intérêt pour la fermentation alcoolique est donc né dans le domaine du cidre, bien connu au Québec. De plus, son père est Français et ses oncles ont possédé des vignes à Cognac. Par conséquent, on peut dire qu'il a la viticulture dans le sang !

Sylvain Haut et Denise Lavoie ont donc planté quelques vignes sur le terrain de leur voisin en 2004 afin de concrétiser leur rêve de devenir vignerons. Ils ont acquis cette terre deux ans plus tard, ce qui a mené à la création du Domaine des Salamandres.

Le vrai travail ne faisait que commencer, car ils ont ensuite entrepris par eux-mêmes la rénovation du pavillon principal du domaine, érigé en 1840. Et c'est sans compter qu'ils ont dû garder leur emploi de jour longtemps avant de pouvoir se consacrer au domaine à temps plein.

Peu de temps après les débuts du domaine, Christian Bertomeuf, une figure connue de la vinification au Québec, s'y est joint comme associé œnologue. Même s'il n'a été de l'aventure que pendant deux ans, le vignoble bénéficie encore aujourd'hui de ses conseils et de son expérience.

L'équipe du Domaine des Salamandres comprend cinq employés : le couple, leur fille aînée Karelle, embauchée à temps plein, un employé à temps partiel, et Camylle, la cadette du couple, celle-ci à temps partiel. Le reste de la famille leur donne aussi un coup de main. En outre, des vendangeurs guatémaltèques sont embauchés pour la récolte annuelle des précieux raisins. « C'est vraiment une petite entreprise familiale », affirme Denise Lavoie. Cependant, les enfants, qui sont dans la vingtaine, ne souhaitent pas prendre la relève du domaine.

À ce jour, le domaine comprend deux hectares de vignes de frontenac rouge, de vidal et de geisenheim. Du chardonnay et du riesling seront ajoutés en 2020 et de 10 000 à 12 000 plants d'autres cépages pourront aussi être plantés. Sylvain Haut et Denise Lavoie vinifient leurs vins en levures indigènes depuis 2012. Ils désherbent le champ à la main et n'utilisent pas de produits chimiques.

La production totale s'élève à 10 000 bouteilles, qu'ils embouteillent eux-mêmes. « On ne fait pas de gros volume et on n'a pas de problème à écouler notre stock ici », affirme Denise Lavoie.

Fait important, le Domaine des Salamandres doit sa renommée aux produits de la poire, notamment à son poiré de glace, un de mes coups de cœur des dernières années. Lors de la fondation du domaine, les cidreries se multipliaient. Ils n'avaient donc pas envie de se lancer dans ce milieu. Or, ils devaient attendre que leurs vignes mûrissent ; cette idée de planter des poiriers leur est donc venue. « C'est la poire qui nous a ouvert beaucoup de portes, qui nous a fait connaître », rappelle Denise Lavoie.

Autre précision : ils ne produisent pas de vins rouges secs et préfèrent les vins blancs, qu'ils soient secs ou plus sucrés. « On a le climat idéal pour les vins de vendanges tardives et pour de beaux blancs », croit Sylvain Haut.

Quoi boire, quoi acheter

En blanc, le Vidal est axé sur la pomme, le citron, les herbes vertes, le poivre gris et la fumée. Long en bouche et bien intégré, il offre une acidité vive et remarquable. Il est donc tout indiqué pour les fruits de mer.

Le Geisenheim vin blanc doux est excellent, car il allie avec grâce l'ananas confit et les agrumes, dans une vive acidité. Je le conseille avec du foie gras poêlé.

Le Vin de vendanges tardives, constitué de vidal et élevé en fûts pendant deux ans, est marqué par les fruits exotiques, l'ananas, la poire, la pêche, le miel et la cire d'abeille. Il s'agit d'un vin complexe et épicé qui sera parfait avec les fromages bleus.

Un autre candidat pour les fromages bleus est le Vin passerillé, un mélange des cépages frontenac rouge et gris. Ce vin non filtré et sans aucune adjonction de soufre goûte les pruneaux, les dattes, le café, les fruits cuits et la banane.

Le Vin de glace, également élaboré à partir de vidal, est épicé, pas trop sucré, et il relâche des saveurs d'ananas, de miel et d'abricot. Le millésime 2017 est encore jeune, donc mettez-le en cave quelques années et servez-le seul ou avec des fromages vieillis.

Enfin, même si ce n'est pas du vin à proprement parler, je dois recommander le vin de poire du domaine, qui constitue une référence au Québec.

Domaine du Nival

www.nival.ca

424, rang du Bord
de l'eau Ouest
Saint-Louis (Québec)
J0G 1K0

Denis Beauchemin, copropriétaire.

Dès son arrivée en 2015 sur la scène québécoise du vin, le Domaine du Nival s'est fait remarquer par les sommeliers et les chroniqueurs, surtout grâce à une étonnante cuvée de cépages pinot noir et gamaret. Les vins de Denis et Matthieu Beauchemin et de Fannie Boulanger, les propriétaires du Nival, sont résolument ancrés dans l'air du temps, grâce à leur culture non interventionniste (très peu de soufre) et à leur fraîcheur.

Situé au nord de Saint-Hyacinthe et à l'ouest de Drummondville, le domaine est bordé par la rivière Yamaska. Il est petit, disposé en un rectangle de 6 hectares, dont la vigne occupe 2,7 hectares. Résultat : le volume de production du Nival est modeste, et puisque les affaires vont bien, les bouteilles s'envolent vite.

Les propriétaires ont acquis la terre en 2011 et ont préparé le terrain, qui était auparavant un pâturage laissé au repos depuis une quinzaine d'années, en étalant du compost et de la chaux granulaire et en plantant du sarrasin et de l'avoine, enfouis par la suite.

Les vignes ont été plantées en 2013 et l'équipe récoltait ses premiers fruits en 2015.

Mais en vérité, le travail a commencé dès 2008 lorsque les Beauchemin ont commandé quelques vignes de pinot noir, de chardonnay et de gamay chez VineTech Canada, un pépiniériste. « On croyait aux *vinifera* », soutient le père, Denis Beauchemin. Son fils Matthieu et lui avaient observé le travail de certains producteurs, dont celui de Véronique Hupin et de Michael Marler aux Pervenches, et avaient comparé les températures québécoises à celles de Prince Edward County, de Niagara et de Marlborough (en Australie). « Les conditions se rapprochaient des nôtres », fait remarquer Denis Beauchemin.

Les 300 vignes acquises furent plantées chez lui, à 30 kilomètres du vignoble qu'ils n'avaient pas encore. « Ça nous a confirmé que notre idée n'était pas bête. Par contre, il fallait prévoir une protection hivernale [toile géotextile] » pour protéger le pinot noir, le gamaret et l'albarino. Le vidal, un cépage hybride « très polyvalent, qui est un petit peu notre police d'assurance », et dans une moindre mesure, du chardonnay, du gamay et de la petite arvine (un cépage suisse) complètent l'encépagement.

Le gamaret, une rareté au Québec

Le cépage gamaret a suscité l'intérêt de Denis et de Matthieu Beauchemin (ce dernier a complété sa maîtrise en Suisse, terre d'origine du gamaret), qui l'ont planté en 2015. Ce croisement des cépages gamay et reichensteiner créé en Suisse en 1970 donne de « grosses grappes, assez larges, ce qui fait que le botrytis [la pourriture] ne rentre pas dedans », explique Denis Beauchemin.

Les plants de gamaret du Nival proviennent du laboratoire de l'Agence canadienne d'inspection des aliments à Saanich, en Colombie-Britannique. Ils ont reçu « cinq bouts de branches » en 2008. Depuis 2013, les propriétaires du Nival envoient chaque année 10 000 bourgeons à VineTech, qui commence à en vendre à d'autres vignobles au Québec.

Une aventure de groupe

Denis Beauchemin, son fils Matthieu, Fannie Boulanger, ainsi que six autres actionnaires sont les propriétaires du Domaine du Nival. « C'est un projet de gang. Ce n'est pas toujours facile de diriger un vignoble. Mais quand tu vois le résultat, quand tu vois le raisin, que tu goûtes le vin, ça vaut la peine », raconte Denis Beauchemin.

Les trois propriétaires principaux ont tout appris de la vigne sur le terrain, et quelques vignobles leur ont donné un coup de main, dont Les Pervenches, le Domaine St-Jacques et le Vignoble Sainte-Pétronille. « Ça nous permet d'échanger et ça correspond vraiment à notre philosophie. »

Cette équipe travaille beaucoup dans le champ pour ne pas avoir à intervenir dans le chai.

L'avenir

En 2018, le Domaine du Nival a produit entre 16 000 et 17 000 bouteilles de vin. Pour les prochaines années, Denis Beauchemin espère produire de 22 000 à 27 000 bouteilles par an. Les ventes sont plus que satisfaisantes – par exemple, certaines cuvées se vendent en 72 heures – et le vignoble sera rentable à partir de 2019.

Le chai est petit, « l'un des plus petits au Québec », estime Denis Beauchemin, mais il sera agrandi en 2018. Le chai actuel deviendra une salle de rangement pour les bouteilles et des accessoires.

Le Domaine du Nival ne détient pas encore la certification de culture biologique, mais ses propriétaires croient en ce mode de production et font tous les efforts nécessaires pour le respecter. Ils comptent enclencher les démarches pour obtenir la certification dans deux ou trois ans.

Quoi boire, quoi acheter

Je le confirme : les vins du Domaine du Nival sont de qualité et ils offrent une fraîcheur en bouche impressionnante. N'hésitez donc pas à vous en procurer ou à en consommer dans les restaurants (il y en a plusieurs au Québec qui les offrent, dont Joe Beef à Montréal, Chez Boulay à Québec et Le Buck à Trois-Rivières), mais les quantités demeurent tout de même faibles.

En blanc, les vins Bouche-bée et Matière à discussion sont produits entièrement de vidal. Par contre, Bouche-bée est vinifié en cuves en acier inoxydable et Matière à discussion, en fûts de chêne usagés.

Nous avons affaire à des vins blancs complexes, fruités (le citron ressort) et aux fruits presque croquants en bouche. Le Matière à discussion renferme aussi des notes de beurre et de noix, imparties par le passage en fûts. Ce sont des vins blancs qui accompagnent aisément des poissons blancs et même gras (truite, saumon) en sauce, et des fromages.

En rouge, le pinot noir fait très belle figure. Certes, le terroir québécois ne livre pas les mêmes vins que la Bourgogne, mais le pinot noir du Nival renferme des fruits croquants, comme de la cerise des bois et des fraises, et une trame tannique élégante qui provient du fruit davantage que de son passage en fûts de chêne. À déguster avec du canard, du poulet grillé ou du saumon.

Domaine St-Jacques

domainest-jacques.com

615, boulevard Édouard VII
Saint-Jacques-le-Mineur
(Québec) J0J 1Z0

Yvan Quirion, copropriétaire.

« On a des terroirs des dieux. Je pense qu'on a parmi les terroirs les plus beaux au Canada [et ils sont] en grande quantité », affirme Yvan Quirion, copropriétaire du vignoble, passionné et amoureux de la vitiviniculture québécoise. Cet ingénieur spécialisé en sols sait de quoi il parle, car ses vins sont de grande qualité.

Yvan Quirion croit tellement aux sols du Québec qu'il estime que si le vin produit dans la province est raté, le vigneron n'a que lui-même à blâmer.

Défendre le vignoble québécois est devenu sa mission, puisqu'il est également président du Conseil des vins du Québec (l'Association des vignerons du Québec a changé de nom en mars 2018), formé de près de 70 membres.

Lorsque nous lui parlons des cépages hybrides, Yvan Quirion enfourche son cheval de justicier. Selon lui, la plantation de cépages hybrides, sous le prétexte que le climat québécois était trop froid pour la culture de la vigne, fut une erreur historique. « Le seyval et le vidal sont des cépages reconnus pour être adaptés à notre climat, mais c'est archifaux ! »

s'insurge-t-il en rappelant que, selon les analyses, ces deux cépages sont des *vitis vinifera* à 94 %.

Yvan Quirion est un passionné très occupé, curieux, ouvert d'esprit et qui conserve un sens de l'humour bien utile à son (dur) métier. D'ailleurs, ce dernier talent court dans la famille, car un de ses enfants est le populaire humoriste et animateur Jay Du Temple. Celui-ci a d'ailleurs travaillé au vignoble de 2005 à 2012.

Copropriétaire du Domaine St-Jacques avec sa femme, Nicole Du Temple, Yvan Quirion est l'image même du vigneron touche-à-tout : des commandes des bouteilles pour la prochaine cuvée à la supervision du chantier du nouveau chai en passant par les réponses aux questions de collègues, il effectue tout avec sérieux et un plaisir évident.

Situé à Saint-Jacques-le-Mineur en Montérégie, le Domaine St-Jacques est constitué de 23,5 hectares de vignes, dont 13 plantés de *vitis vinifera*. Fondé en 2005, le vignoble a produit son premier millésime en 2007 et a ouvert sa boutique en 2008. Yvan Quirion y agit comme chef de culture, tandis que Luc Rolland est le maître de chai et Simon Gauthier l'œnologue.

Afin de protéger ses plants du rigoureux hiver québécois, le domaine les couvre de fibres géotextiles. Lors de notre visite en plein hiver, l'éclatant soleil québécois faisait briller les toiles blanches dont la surface réfléchit naturellement la lumière.

« On réussit à produire et à être rentable chaque année », précise Yvan Quirion, qui chiffre la production totale du vignoble à 105 000 bouteilles pour l'année 2018.

Le nouveau chai, de style moderne, à la fois chic et rustique (composé de bois, de béton et d'acier), est vaste et il peut, en plus des cuves et des fûts, accueillir le public pour des événements.

Quoi boire, quoi acheter

Le rosé est bien fruité, droit et complété de saveurs d'herbes. Il s'agit d'une valeur sûre. Le 2017 déborde de fruits croquants (fraise, cerise) tout en étant délicat et droit.

Le classique blanc est frais et citronné à souhait. C'est un très bon vin rafraîchissant.

Le pinot gris est étonnant, grâce à des saveurs d'épices, de fruits confits et de piment gris.

En rouge, le pinot noir se défend bien, même si une ou deux années dans votre cave personnelle le rendraient mieux équilibré. La cuvée Sélection est excellente, soutenue par des saveurs de cassis, de framboise et de cerise acidulée. Elle est une candidate parfaite pour les charcuteries.

Le Mas des Patriotes

www.lemasdespatriotes.com

1076, chemin des Patriotes Ouest
Saint-Jean-sur-Richelieu
(Québec) J2Y 1H4

Claude Rivard et France Cliche, propriétaires.

En terminant ma visite et ma dégustation au Mas des Patriotes, France Cliche, la copropriétaire, m'a gentiment suggéré de boire un verre d'eau, celle de la propriété. Ce que je me suis empressé de faire, afin de nettoyer mon palais et aussi pour me désaltérer en ce dimanche caniculaire. Je n'ai pas regretté son offre : cette eau provient du puits du domaine et elle est traitée par osmose. Elle est donc d'une pureté admirable.

Criminologue pendant 10 ans, France Cliche a par la suite complété un diplôme d'études professionnelles en cuisine, ce qui lui a ouvert les portes du métier de styliste culinaire à la télévision et au cinéma. Avec son mari, Claude Rivard, qui a possédé des entreprises d'informatique, France Cliche a cultivé une autre passion : le patrimoine. « Quand on s'est rencontrés, on faisait le tour du Québec et on regardait les vieilles maisons. On en a acheté une, d'ailleurs », raconte celle qui exerce également le métier d'antiquaire depuis 2003.

C'est ainsi que le couple a acquis une petite maison de ferme en 1987 qu'ils ont rénovée. Il a aussi acheté la ferme adjacente, qui était abandonnée depuis plusieurs années, en 2003, dans le but d'y planter un vignoble. Un an plus tard, à la fête des Pères, France Cliche a offert symboliquement à son mari trois plants de vigne. Au printemps 2005, le couple réalisait son rêve de vignerons et plantait sa première parcelle de vignes.

Cette année-là, les vignerons et leur fils, alors âgé de 14 ans, plantaient 750 vignes. « On était des *gentlemen farmer*. On ne connaissait ni la viticulture ni l'œnologie, seulement la passion du vin. Il fallait être un petit peu fou, naïf aussi, mais je n'ai jamais eu peur. Je pense que j'ai un caractère frondeur, et mon mari est un entrepreneur. »

Chaque année, des plants étaient ajoutés au terrain de deux hectares, jusqu'à la première vinification, en 2010. La production de vins rouges n'a quant à elle officiellement commencé qu'en 2012.

Avec le temps et son expérience de viticultrice, France Cliche en est venue à croire que les cépages blancs sont mieux adaptés au terroir québécois. De fait, en 2018, les vignerons ont acheté, à quelque pas du Mas des Patriotes, une terre de quatre hectares sur laquelle ils ont planté du *vitis vinifera*, dont 1 500 plants du cépage blanc pinot gris. « En blancs, je pense qu'on peut faire des choses extraordinaires, déclare la propriétaire. D'ailleurs, j'aime beaucoup le chardonnay. »

Même si elle croit davantage aux vins blancs cultivés au Québec, France Cliche adhère aussi à la tendance des vins rouges légers : « On ne fera jamais de cabernet-sauvignon, qui prend trop de temps à mûrir au Québec. Je pense que, de plus en plus, les Québécois vont boire local, tant dans le blanc que dans le rouge », dit-elle. « En plus, les vins produits localement contiennent moins de sulfites puisque, contrairement aux vins étrangers, ceux-ci nécessitent moins de protection pendant le transport, vu les distances réduites », raconte celle qui expérimente avec le cabernet franc, un cépage moins tannique que son cousin, le cabernet-sauvignon.

Sise devant la propriété, l'affiche du Mas des Patriotes précise « Vignoble nordique ». Cette notion est importante pour les propriétaires, qui désirent produire à l'avenir des chardonnays de climat nordique, plus frais que ceux produits dans des climats plus cléments.

Ils veulent aussi que le Mas des Patriotes demeure de dimension modeste (près de 14 000 bouteilles annuellement), afin que leur amour du vin transparaisse dans chaque bouteille vendue aux clients de passage au vignoble.

Quoi boire, quoi acheter

Bien sûr, mis à part l'eau du puits, on peut aussi, sur place, déguster les vins !

Une fois entré dans la boutique du Mas des Patriotes, vous serez émerveillé par les poutres d'origine et la façon dont d'autres éléments de cette ferme ancienne ont été préservés. Tout juste à côté se trouve une autre boutique, celle des antiquités glanées par France Cliche dans le cadre de sa pratique d'antiquaire. Vous ne repartirez pas les mains vides !

Les blancs du domaine sont à coup sûr de qualité supérieure. Le Chaume, un assemblage non boisé de frontenac gris, de saint-pépin et de prairie star, développe des saveurs de pépin de lime et de citron. L'ensemble très acide, frais et légèrement amer sera à l'aise avec des fruits de mer.

La Mansarde réserve, un frontenac blanc élevé pendant six mois en barriques françaises neuves et usagées, propose une trame bien citronnée, sertie de lime, d'herbes vertes, d'épices et d'une légère amertume. Dégustez-le avec un poisson gras en sauce.

Composé du cépage sainte-croix, le rosé Hortensias est léger et équilibré, avec des saveurs de fraise sauvage, de cerise, de poivron rouge et d'une trace de bonbons aux fruits. Il s'agit d'un vin digeste et équilibré tout indiqué pour l'apéritif. France Cliche estime que produire du rosé comporte son lot de difficultés, car les cépages de la province, avec leur peau très colorante, teintent trop le vin et donnent des rosés très rouges. « Il ne faut pas s'attendre à un rosé de Provence, qui est plus léger. »

Le Sieur Rivard réserve édition limitée consiste en trois barriques de baco noir et deux de frontenac noir, assemblées par la suite. Ce rouge affiche des notes de tomate, de framboise, de café et de poivron rouge. Il offre aussi une présence et une structure marquées, malgré des tannins somme toute légers. À servir avec des viandes en sauce.

LE MAS
DES PATRIOTES
vignoble nordique
1076
Pique-nique Gourmand

Val Caudalies

valcaudalies.com

4921, rue Principale
Dunham (Québec) J0E 1M0

Alexis Perron, Guillaume Leroux et Julien Vaillancourt, propriétaires.

Alexis Perron, Julien Vaillancourt et Guillaume Leroux ont acquis le vignoble et la cidrerie qu'ils ont nommés Val Caudalies en 2004. « Ça commençait à bouger au niveau agrotouristique dans la région. Toute l'expertise bouillonnait ici », explique Guillaume Leroux, que j'ai rencontré un dimanche de mai à Dunham, dans les Cantons-de-l'Est, une région où les vignobles pullulent.

En effet, la Route des vins de Brome-Missisquoi a été officialisée en 2004.

Depuis 2005, Val Caudalies accueille près de 35 000 visiteurs et produit près de 80 000 bouteilles de vin, de cidre et de vermouth par an.

Les trois associés, des amis de l'école secondaire originaires de la Rive-Sud, dans la région de Montréal, ont fait leurs armes au Vignoble Rivière du Chêne pendant cinq ans avant de rêver à leur propre affaire. « Nous ne sommes pas issus du milieu agricole. On a appris beaucoup là-bas, avec les vinificateurs qui étaient sur place, en gérant la culture et la commercialisation, que je touchais », raconte Guillaume

Leroux, qui a terminé un baccalauréat en gestion de l'hôtellerie et de la restauration avant de se retrouver dans un vignoble.

À Val Caudalies, chacun a trouvé sa place : Julien Vaillancourt agit en tant que vinificateur et maître de chai et de culture, Alexis Perron est à la distribution et Guillaume Leroux à la commercialisation.

Le vignoble de 50 hectares comprend 6 hectares consacrés à la vigne, le reste étant occupé par des pommiers, le gagne-pain du propriétaire précédent, et par quelques autres arbres fruitiers. Le verger de 1500 pommiers a permis aux trois amis de démarrer l'entreprise en offrant des cidres pétillants, mousseux, liquoreux et de glace, et du moût de pomme.

« C'est important de faire du cidre de glace », dit Guillaume Leroux, même s'ils le font en petite quantité (3000 bouteilles). « C'est le produit typique du Québec, on veut le faire, on veut bien le faire », insiste-t-il au sujet de ce produit apprécié des consommateurs.

Certes, le visiteur de passage peut déguster du vin et du cidre, manger son pique-nique, mais aussi se promener sur le domaine et admirer les Appalaches et la vallée du mont Pinacle, surtout de la terrasse couverte qui surplombe une parcelle de frontenac blanc, plantée en 2018. Sans oublier l'autocueillette de pommes et de raisins de table.

Le domaine accueille avec plaisir les groupes privés et les entreprises, surtout sur ladite terrasse qui est devenue très prisée.

Le propriétaire de véhicule électrique pourra recharger la batterie de sa voiture grâce aux deux prises offertes sur le terrain.

Les 22000 vignes se trouvent à un kilomètre de la rue Principale, cachées du centre de Val Caudalies par un boisé. Les cépages vidal, geisenheim, maréchal foch, chambourcin, frontenac blanc et frontenac noir composent principalement le vignoble, où aucun herbicide n'est utilisé.

« À l'époque, ce terrain était une fraiseraie et certains habitants de longue date de la région, ignorant qu'un vignoble occupe depuis plusieurs années les lieux, y cherchent parfois des fraises sans s'arrêter à l'entrée principale de Val Caudalies », raconte en riant Guillaume Leroux.

Le chai et les locaux du vignoble ont été agrandis afin d'inclure un alambic (même si le permis de distillation n'est pas encore acquis) et davantage de fûts de chêne.

Le premier vermouth québécois

Avec la mode des bars *speakeasy* (des bars cachés ou discrets) et la popularité des cocktails, Alexis Perron, Julien Vaillancourt et Guillaume Leroux ont créé un produit parfait pour cette tendance : le premier vermouth québécois, un vin aromatisé d'eau-de-vie et d'épices, réalisé en collaboration avec le bar montréalais Le LAB et créé selon la méthode italienne, où les aromates macèrent pendant un an avant l'ajout d'alcool de grain neutre.

En 2015, la première production de 1000 bouteilles du vermouth doux (donc sucré) s'est vendue en un temps record. « On pensait que ça allait prendre 3-4 ans à se vendre, raconte Guillaume Leroux. En deux semaines, il n'y en avait plus. C'était fou comme ça ! » Cette année, la production totale s'élève à 40 000 bouteilles. Le vermouth est vendu dans 120 succursales de la SAQ et est offert en Ontario à la LCBO (en petites quantités afin de tester le marché en premier lieu) et en Espagne.

À la suite de ce succès, un vermouth sec est apparu en 2017, au grand bonheur des mixologues qui l'utilisent dans les martinis, et un vermouth de style digestif verra le jour dans un an ou deux.

Pour répondre à la production accrue de vermouth, les propriétaires de Val Caudalies achètent du raisin de vignobles (non-producteurs de vin) situés à Saint-Armand, à Frelighsburg et à Farnham. Le frontenac blanc est le principal cépage des vermouths Lab Val Caudalies, avant l'ajout des épices et des arômes.

Quoi boire, quoi acheter

La gamme de vins de Val Caudalies est conçue pour une courte garde, donc à boire dès l'achat ou une à deux années plus tard. Le vidal est assez puissant en bouche, avec des arômes de citron, d'orange, de pêche et de pamplemousse.

C'est un vin blanc passe-partout qui accompagnera une multitude de poissons blancs. « On a été très, très forts en restauration avec notre vidal », souligne Guillaume Leroux, qui rappelle que les barrières étaient « énormes » pour imposer un blanc d'ici dans la restauration québécoise.

Le rosé est très fruité, marqué par la fraise des bois, la canneberge, la griotte et la cerise. Servez-le bien froid en apéritif.

Les cépages frontenac noir et marquette composent le vin rouge de Val Caudalies. Les mûres, la framboise et la fraise poivrée donnent un vin simple et léger qui sera parfait à l'apéro. À boire sans plus tarder.

Le vin rouge fortifié est fait entièrement de frontenac noir macéré presque un an avant l'ajout d'alcool neutre et de sucre blanc. Il goûte les pruneaux, les feuilles séchées, le cacao, la fumée et contient des tannins légers. Il est étonnamment peu sucré, donc dégustez-le avec un fromage bleu, du chocolat noir (avec ou sans cerise) et à l'apéro avec des saucissons et des charcuteries.

Le vermouth doux est un réel succès auprès du public. Composé d'une quinzaine d'épices et d'aromates, son style s'approche des vermouths allemands plus fruités, car il arbore des saveurs de zeste d'orange et de citron – ce n'est donc pas un produit composé d'ingrédients québécois à 100 %. Vous y trouverez aussi de la cannelle, du thym et des arômes floraux. Guillaume Leroux recommande de le servir allongé avec du soda tonique ou du soda gingembre de qualité, une rondelle de concombre et des feuilles de menthe. Il aime également le servir avec du jus de melon d'eau et des feuilles de basilic. Sinon, des suggestions de cocktails se trouvent sur la page Facebook de Val Caudalies. Les puristes l'apprécieront nature avec quelques glaçons.

Le vermouth sec est stupéfiant de fraîcheur et de longueur en bouche : le piment de la Jamaïque, l'olive verte, le basilic, le pamplemousse blanc et le concombre anglais baignent dans une trame très acide. C'est un grand vin apéritif. Guillaume Leroux l'aime avec de la limonade, ou du jus d'ananas, et de l'eau pétillante. En plus de pouvoir servir à l'élaboration de cocktails, le vermouth sec provoque l'étonnement lorsque vous en versez quelques gouttes sur des huîtres; le côté minéral du vermouth apparaît alors en bouche.

Vignoble Cortellino

www.vignoblecortellino.com

468, rang Double
Saint-Urbain-Premier
(Québec) J0S 1Y0

© Johanne Brunet

Joseph et Sophie Cortellino, propriétaires.

Chez les Cortellino, la production du vin demande la transmission d'un bagage de connaissances de père en fille. Joseph est né en Italie, dans les Pouilles, le talon de la botte. Jusqu'au milieu des années 1960, les vins de cette région du sud du pays étaient envoyés dans le nord pour donner du corps aux moûts plus légers qu'on y produisait. Tous les oncles de Joseph ont travaillé dans le domaine du vin dans leur région natale. La tradition est donc demeurée dans la famille.

Vingt ans avant de fonder, en 2008, son vignoble, Joseph avait planté 500 vignes sur sa propriété de Saint-Urbain-Premier, en Montérégie. La production de 1000 bouteilles était offerte aux amis et à la famille.

Joseph et sa conjointe, Diane, ont eu cinq enfants, qui, petits, égrappaient les raisins pour la production familiale de vin. Au fur et à mesure que la journée avançait, les enfants se lassaient et quittaient la table de tri. Tous, sauf Sophie, qui persistait. L'intérêt pour le vin était présent dès l'enfance chez celle qui devint plus tard la copropriétaire du vignoble Cortellino.

Les premiers vins que Sophie Cortellino a bus étaient ceux créés par son père. Ce sont, plus tard, les produits italiens (bien sûr !) qui n'ont plus eu de secret pour elle. Puis, elle a parfait sa connaissance des vins français lors du cours de sommellerie qu'elle a suivi à l'Institut de tourisme et d'hôtellerie du Québec (ITHQ).

S'occupant des opérations du vignoble avec son conjoint, Mme Cortellino a suivi une formation à l'Institut de technologie agroalimentaire de Sainte-Hyacinthe, ainsi que des formations de l'École de viticulture et de vinification du Québec (EVVQ).

Le conjoint en question, Yannick, a quant à lui presque complètement délaissé son emploi dans une usine d'acier pour s'occuper du chai, assisté de l'œnologue Jérémie d'Hauteville.

Les premiers ceps ont été plantés en 2009 et les premières bouteilles commercialisées en 2012, le temps que les plants donnent leurs premiers fruits. Aujourd'hui, deux hectares de vignes (8 000 plants) composent le domaine. Un autre hectare de nouvelles vignes sera planté en 2019. La production totale s'élève à 10 000 bouteilles et la récolte des raisins est manuelle. Les propriétaires ont engagé pour la première fois des vendangeurs en 2017. Auparavant, 40 clients bénévoles effectuaient les vendanges.

La boutique du domaine, qui a vu le jour en 2014, accueille les acheteurs et les visiteurs. De la terrasse sur le côté, ceux-ci peuvent embrasser le domaine et les environs du regard, un verre de vin à la main. « Quand il fait beau, on a l'impression d'être en Italie », affirme Joseph Cortellino. Le vignoble est ouvert aux visiteurs de mai à octobre.

Le chai du vignoble est souterrain, à quatre mètres sous terre. Tout est neuf dans ces trois pièces, et l'ordre y règne. Lors de notre visite, une nouvelle machine d'étiquetage dormait dans une armoire. L'arrivée de cet équipement a été louée par les propriétaires, qui collaient les étiquettes avec une machine beaucoup moins efficace auparavant.

Croire au rouge

Plus que tout, Joseph Cortellino croit fermement au vin rouge québécois, et il veut le faire progresser. C'est pourquoi 90 % de cépages rouges composaient l'encépagement lors de la première plantation. « Il faut faire déguster au public les [vins] rouges québécois. Il faut qu'ils passent par la démarche de la dégustation. Sinon, ils ne l'achèteront pas. Ils ont souvent eu une mauvaise expérience », affirme sa fille.

Le patriarche est aussi contre l'utilisation des cépages *vitis vinifera* au Québec et il estime que les vignerons d'ici doivent trouver le style qui convient à des vignes pouvant survivre à des températures hivernales extrêmes. « Je trouve qu'on a plus une identité, une personnalité [avec les hybrides]. En plus, on veut miser sur le rapport qualité-prix. » Il préfère donc proposer des vins rouges simples.

Ainsi, le cépage frontenac est le favori des propriétaires. Puisque sa production est volumineuse, il apporte de l'eau au moulin du vignoble. Les Cortellino souhaitent d'ailleurs en faire leur cabernet.

Et ce n'est pas parce qu'ils sont d'origine italienne qu'ils produisent des vins de cépages italiens. « L'esprit est italien, mais le produit est québécois », précise Sophie, qui rappelle que beaucoup de clients pensent que sa famille fait du vin italien.

Seul clin d'œil à la culture italienne autorisé : les noms des vins. Joseph étant italien et Sophie québéco-italienne, les noms sont parfois le résultat de compromis entre les deux cultures.

La production est vendue dans les épiceries locales, au domaine, au restaurant Le Reggiano à Sainte-Martine et au Club de golf Belle Vue à Léry. Pour l'instant, le vignoble ne peut fournir la SAQ en produits courants en raison de son volume insuffisant. Parions que cela changera à l'avenir.

Quoi boire, quoi acheter

Même si les Cortellino croient davantage aux vins rouges, leurs blancs valent également la dégustation. Le Piccolo Grigio, un assemblage de frontenac gris, de frontenac blanc, de louise-swenson et de saint-pépin, offre des arômes de fruits tropicaux, d'abricot, d'ananas et de citron. L'ensemble du vin est droit, long et très agréable.

Le Lys Rose (sainte-croix et frontenac gris) sera parfait avec les fruits de mer, et pas seulement à l'apéritif, auquel beaucoup de gens limitent leur dégustation de vin rosé. Il est structuré et affiche des notes de bonbon à la cerise et à la framboise, de fumée et d'herbes aromatiques.

Trois vins rouges terminent l'offre du vignoble Cortellino. Le Frontenac est parfait comme vin de tous les jours et offre des saveurs de cassis, de café, de pruneaux et de poivron fumé, sur des tannins souples et légers.

Le Novità est un assemblage de frontenac noir et de marquette (qui apporte des tannins au vin). Ne vous fiez pas à son nez discret ; il se réveillera rapidement après quelques dizaines de secondes d'aération et déploiera des notes de cassis, de café et de bleuets.

Enfin, le Terra Nostra 2016 est le premier millésime de ce vin composé de marquette (85 %) et de petite perle (15 %), un cépage puissant, tannique et qui donne peu de raisins. Le résultat en bouche : framboise, pain grillé, pâtisserie, vanille, expresso, épices et cassis.

Ces trois rouges accompagneront parfaitement les charcuteries, le saumon et la volaille grillée.

Vignoble Côte de Vaudreuil

www.cotedevaudreuil.com

2692, route Harwood
Vaudreuil-Dorion (Québec)
J7V 8P2

Serge Primi et Christiane St-Onge, propriétaires.

D'origine italienne, et fort d'une longue tradition de production de vin maison, Serge Primi faisait du vin avec son grand-père bien avant de prendre les rênes d'un vignoble.

Ayant d'abord gagné sa vie comme comptable agréé, Serge Primi a laissé tomber les chiffres pour le vin lorsque sa conjointe, Christiane St-Onge, et lui ont acquis le vignoble Côte de Vaudreuil en 2006. À l'époque, le vignoble comptait 5 000 vignes. L'ancien propriétaire, un ingénieur agronome, vendait la production de raisins à d'autres vignobles québécois qui en avaient besoin pour assurer leur production de vin (une démarche tout à fait commune dans le monde viticole).

Le couple est tombé sous le charme du vignoble, un vaste domaine où trônent des sculptures géantes réalisées par des artistes québécois et où l'aménagement paysager incite à la détente et au pique-nique, ce que nombre de clients font lorsque les beaux jours montrent leur nez. Le comptoir de vente du vignoble est vaste et propre. Vous pouvez vous y procurer quelques bouteilles et en déguster une en pique-niquant sur place, au milieu des cinq hectares et demi de vignes.

Un directeur champenois

Lors de ma visite au vignoble Côte de Vaudreuil, j'ai surtout conversé avec Robin Kristner, son directeur, qui supervise toutes les opérations.

Avant de s'installer au Québec, M. Kristner a réalisé des études en vinification et en viticulture, dans le but de reprendre le vignoble familial. Cependant, devant l'important taux de taxation que l'État français lui réclamait pour la succession, il a préféré attendre quelques années avant de prendre les rênes du domaine. Aussi, ses parents sont plutôt jeunes, donc pas question pour eux de remettre les clés du domaine à leur descendance tout de suite.

Robin Kristner a donc décidé d'aller voir ce qui se faisait ailleurs en matière de vin. Premier arrêt : l'Alsace et ses légendaires cépages blancs (riesling, pinot gris, gewurztraminer). Deuxième arrêt : le Québec, au vignoble Côte de Vaudreuil où il venait de décrocher un stage. À l'époque, le vignoble lançait son premier vin mousseux. Et les bulles, le Champenois Robin Kristner connaît ça.

M. Kristner s'est joint au domaine au bon moment. Dix mille vignes, dont 9 000 de vins rouges, ont été plantées l'année de son stage. Devant cet accroissement de production, Serge Primi et Christiane St-Onge n'ont pas eu d'autre choix que de doubler la superficie des installations du vignoble. Et en 2013, lorsque Serge Primi a offert le poste de directeur à Robin Kristner, les vignes moins intéressantes ont été arrachées, dont celles de sabrevois, qui est de toute manière en décroissance au Québec.

Le vignoble produit donc beaucoup de vins rouges, tous de cépages hybrides. Cependant, Serge Primi a aussi acquis 4 000 plants de frontenac gris, un cépage polyvalent qui permet de réaliser des bulles, du blanc et du rosé.

Quelques années plus tard, lorsque l'appel du vin blanc a titillé Robin Kristner, il s'est dit : « Quitte à planter du blanc, pourquoi ne pas planter du *vinifera* ? » Et puisque M. Kristner est originaire de la Champagne, c'est donc le chardonnay, qu'on trouve maintenant en grande quantité dans ce vignoble unique au monde et qui définit l'identité de bien des champagnes, qui a été favorisé. Du riesling sera aussi planté en 2019 pour apporter un peu plus d'arômes aux vins blancs.

Les propriétaires du vignoble et son directeur disent d'ailleurs souhaiter que les cépages *vitis vinifera* composent le quart de l'encépagement à l'avenir.

Un amoureux du mousseux

Traditionnel jusqu'au fond de la bouteille, Robin Kristner dégorge ses mousseux à la volée, sans faire geler le goulot de la bouteille et un à la fois.

Explications : avant de commercialiser le vin mousseux élaboré en méthode traditionnelle (comme en Champagne), il faut expulser le dépôt qui s'est accumulé dans le goulot. Dans la méthode commerciale, le goulot est gelé, et le contenu est ensuite expulsé ; cette opération peut être automatisée sur une ligne de production.

Le dégorgement à la volée se fait manuellement. À l'aide d'une pince à dégorger, le vigneron fait sauter le bouchon de la bouteille. Une fois la lie expulsée par la pression, le vigneron doit rapidement bloquer le jet du vin mousseux qui suit et qui est libre de contenus solides. Il ne lui reste plus alors qu'à remplir le reste de la bouteille.

Croyez-moi, l'opération est spectaculaire.

Quoi boire, quoi acheter

Impossible de ne pas honorer les origines champenoises du directeur du domaine, Robin Kristner. Ainsi, il faut déguster le Lolou, un vin mousseux rosé composé de frontenac gris et de sabrevois. Présentant des arômes de cerise et de cassis, ce mousseux fin, long et digeste est un excellent choix. Un des meilleurs mousseux du Québec, sans contredit !

Les 1000 bouteilles du rosé Pepino que le vignoble Côte de Vaudreuil produit s'envolent dans le temps de le dire. Dépêchez-vous de mettre la main sur ce rosé très fruité et très droit. Ses arômes de cerise, de fraise et de pamplemousse blanc vous impressionneront.

En blanc, le Frontenac Gris affiche une belle complexité, qui lui est assurée par un passage en barriques. Tout est mesuré dans ce vin : grillé subtil, beurre, amande, épices, fumée. Un très beau produit. Quant au blanc Côté Plateau, attendez-vous à des arômes de pêche et d'épices et à une belle fraîcheur. Ces vins blancs accompagneront à merveille les fruits de mer.

Au vignoble Côte de Vaudreuil, le rouge, on y tient. Le Tango, composé à l'origine de frontenac noir et de sainte-croix, a été adjoint de marquette depuis le millésime 2013 afin de donner davantage de structure au vin (le sainte-croix ne fait plus partie de l'encépagement du vignoble depuis 2015).

Le Tango est un vin de climat frais aux arômes généreux de cassis, de bleuets, de café et de cerise noire. Il s'agit d'un très bon rouge québécois, qui s'alliera avec des viandes blanches grillées.

Enfin, le Point Final, un vin rouge muté, regorge d'arômes de chocolat, de pruneaux et de café. Vraiment très bien, et délicieux avec des desserts chocolatés ou des fromages bleus !

Vignoble des Pins

136, rang Grand Sabrevois
Sainte-Anne-de-Sabrevois
(Québec) J0J 2G0

Gilles Benoît, propriétaire.

© Vignoble des Pins

« Je suis un des pionniers [...], un des premiers à avoir fait du vin au Québec [en 1986]. J'ai le permis numéro 11 », affirme sans prétention et sans esbroufe Gilles Benoît, propriétaire du vignoble des Pins, situé à Sainte-Anne-de-Sabrevoix, dans le Haut-Richelieu.

« J'ai le pouce vert, j'aime faire pousser les plantes. Le métier de vigneron a fait mon bonheur. »

Au-delà de ses talents de jardinier et de sa passion pour le vin, comment la fermentation bachique est-elle arrivée dans la vie de Gilles Benoît ? Fils de militaire, ce vigneron a vécu sept ans en Sardaigne, en Italie, puis en France. « Le vin faisait un peu partie de mon alimentation de tous les jours », dit-il, puisque ses parents avaient adopté la boisson à table lors de ses séjours européens.

Plus tard, le vin est revenu dans la vie de ce technicien en laboratoire formé en sciences naturelles par l'entremise de sa belle-famille, qui est propriétaire d'un vignoble en Suisse.

Avec ses deux hectares, le vignoble de Gilles Benoît est réellement à l'échelle humaine. Et il ne compte aucun employé. « Je fais des microvinifications », dit celui qui produit entre 8 000 et 10 000 bouteilles selon les années.

De manière paradoxale, Gilles Benoît a, en 2007, travaillé pendant deux mois chez Indevin, à Blenheim en Nouvelle-Zélande. Cette entreprise transforme 20 millions de litres de sauvignon noir et de pinot noir locaux pour plusieurs domaines viticoles (dont Churton à l'époque). Le vigneron québécois était en mission de prospection, car il envisageait de poursuivre sa carrière viticole dans « une région exotique du globe ». Il a finalement réalisé que produire du vin au Québec était une avenue tout aussi exotique.

© Vignoble des Pins

Rien n'a cependant changé pour lui à son retour au Québec, puisque le vignoble des Pins a gardé sa taille modeste. Gilles Benoît écoule ses bouteilles principalement au domaine et dans quelques boutiques (on les trouve notamment aux Marchés des saveurs), des petites entreprises à son image. « Si on se met sur les tablettes chez Métro et IGA avec tous les vins industriels du monde, ce n'est pas bon pour nous. »

Pour l'instant, aucun de ses enfants n'est impliqué dans le vignoble, dit celui qui profite des dernières années de sa carrière de vigneron avant de prendre une retraite bien méritée. Heureusement, il est possible qu'un de ses fils reprenne le domaine.

Un fervent défenseur des cépages hybrides

Gilles Benoît n'est pas de ces vignerons québécois qui suivent la tendance actuelle de travailler avec des cépages *vitis vinefera*. Il privilégie encore les cépages hybrides : « Pour avoir des choses typiquement québécoises, il faut un cépage et un type particulier », explique-t-il.

« L'homme au pouce vert » a d'ailleurs contribué au développement des nouveaux cépages pour le Québec, en collaboration avec le pépiniériste Alain Brault. Il a aussi été le premier à vinifier le frontenac blanc. Cette expertise lui a permis d'offrir ses services comme consultant auprès d'autres vignerons.

Une histoire à suivre, avec, on le souhaite, la prochaine génération.

Quoi boire, quoi acheter

Gilles Benoît n'aime pas utiliser le fût de chêne dans le vieillissement des vins. Il privilégie d'amplifier le fruit.

En lançant en 2017 Essentia, un vin orange, Gilles Benoît a voulu faire plaisir aux (souvent jeunes) amateurs du style, dont la popularité est loin de s'essouffler. Ce premier essai est une réussite, car il offre une texture suave et soyeuse, des fruits croquants en bouche et une finale d'orange amère. À déguster avec du homard à l'orange, du poulet aux agrumes et des sandwichs au fromage et à la dinde.

Dans la production plus conventionnelle, privilégiez surtout les vins blancs, dont le mémorable Edelweiss, un vin qui vous transportera dans les Alpes suisses grâce à ses arômes de citron, d'ananas, de fruits tropicaux et de melon. Il sera parfait avec la fondue au fromage, les pétoncles ou le homard.

Quant au Pin Blanc, dégustez-le avec un poisson blanc en sauce aux agrumes. L'accord sera plus que satisfaisant.

© Vignoble des Pins

Vignoble Kobloth

www.vignoblekobloth.com

905, Grand Boulevard Ouest
Saint-Bruno-de-Montarville
(Québec) J3V 0L8

Thierry Kobloth, propriétaire.

Eh oui, la vigne pousse à deux pas du Quartier DIX30, un centre commercial situé dans la banlieue sud de Montréal, et ce, depuis 2004, lorsque Thierry Kobloth a acheté son domaine et planté ses premiers ceps. L'amour des chevaux était la principale raison de cette acquisition, mais le vin a rapidement pris la meilleure partie de son emploi du temps. Normal, puisque le vin coule dans les veines de cet Alsacien d'origine arrivé au Québec en 1994.

Le père de Thierry Kobloth était propriétaire d'un vignoble en Alsace qui comprenait aussi un restaurant. Étant le plus jeune de deux fils, Thierry a complété sa formation en cuisine classique et non en viticulture, puisque son frère aîné allait prendre la relève du domaine familial.

Et les relations avec son père n'étaient pas au beau fixe : « Travailler avec mon père, ça a été l'*fun* jusqu'à un certain temps, et au bout d'un an et demi ça a été l'enfer », raconte Thierry Kobloth. « Et après, moi, j'ai décidé de partir. Mon frère aîné avait tous les droits [...]. J'avais le choix entre l'Australie ou le Québec. Je me suis trompé d'avion », plaisante-t-il.

C'est donc dans la restauration qu'il occupe ses premiers emplois au Québec, avant d'acquérir son propre restaurant, Le Bourlingueur, situé dans le Vieux-Montréal, qu'il a conservé pendant environ neuf ans.

Malgré la relation parfois conflictuelle qu'il entretenait avec son père, Thierry Kobloth a tout de même pu compter sur ses précieux conseils de vigneron. Son père était venu le voir en 2004 et l'avait encouragé à planter des vignes au Québec, sur le terrain qu'il venait d'acheter. Ce qui fut fait avec 10 000 plants la première année. Travailleur acharné, Thierry Kobloth a produit sa première récolte modeste en 2007 et, depuis 2017, le domaine est en pleine production.

Puisqu'il a produit 22 000 bouteilles en 2017, soit le fruit de près de 18 000 plants sur quatre hectares et demi, le vignoble Kobloth fonctionne à plein rendement, ce qui suffit amplement à son propriétaire, qui est plus qu'occupé.

Moût en fermentation.

Le vignoble de Thierry Kobloth est presque totalement indépendant. Culture, chai, cuves, le vigneron contrôle tout, sauf les analyses en laboratoire. La nouvelle machine d'embouteillage qu'il a récemment acquise trône dans un coin de son bâtiment principal, il connaît par cœur toutes ses cuvées et c'est lui qui officie aux fourneaux lors de la haute saison au restaurant du domaine.

Les installations sont simples, de style traditionnel, et le bois domine les lieux sans prétention. On vise ici l'efficacité, avec une salle accueillant les acheteurs de vin et les clients du restaurant. Ce nouvel espace de vente et de dégustation, qui sert également de salle de réception (surtout pour des « 5 à 7 »), a été inauguré en 2018.

Étonnamment, Thierry Kobloth ne croit pas aux cépages *vitis vinifera* au Québec, qu'il estime peu résistants aux maladies. Le domaine fait donc croître les cépages suivants : vidal, seyval, geisenheim, lucie-kuhlmann, baco noir, maréchal foch, frontenac, muscat de Swenson et muscat de New York.

Quand on lui demande ce qu'il changerait dans sa vie professionnelle, Thierry Kobloth dit qu'il « ne regrette rien » et ne « changerait rien » à son parcours. Seule chose qu'il ajoutera à ses occupations chargées : la production de bières et de produits de l'alcool distillé.

Quoi boire, quoi acheter

En blanc, le Vidal (90 % de vidal et 10 % de seyval) est un parfait candidat pour l'apéritif, grâce à des saveurs de paille, de gazon et de lime.

Même si sa couleur ne l'indique pas réellement, la Cuvée Spéciale est un vin orange. Et le résultat plus que concluant vous impressionnera avec ses saveurs franches de fruits croquants (pêche, abricot) et son style très sec. Une réussite, surtout en 2017 !

Le Rosé d'été est très agréable et long en bouche ; il laissera des impressions de bonbon à la framboise, de cerise et de fraise. C'est un sérieux prétendant au meilleur vin rosé d'été et il sera parfait avec un fromage de chèvre frais, selon ma collègue Nadia Fournier.

En rouge, achetez les yeux fermés le Rouge de St-Bruno, un vin léger qui a du caractère et qui est parfait avec le saumon, la volaille et la dinde, et le Rouge Réserve Corsé.

Le vignoble Kobloth produit aussi des vins plus sucrés, dont le vin de paille Strohwein, qui contient 90 grammes de sucre et est un bel accord avec le fromage bleu et le foie gras.

Enfin, mention plus qu'honorable au Vin fortifié, qui s'apparente davantage à un banyuls ou à un maury du Roussillon français qu'à un porto. Un produit incroyable, qui saura satisfaire tout amateur de porto.

Vignoble 1292

vignoble1292.com

1292, rue Principale
Saint-Blaise-sur-Richelieu
(Québec) J0J 1W0

Michel Lefebvre et Christiane Allard, propriétaires.

Au Vignoble 1292, la beauté n'a d'égal que la propreté, l'ancien côtoie le moderne, le champ est impeccablement entretenu et les vignes bordant l'édifice principal sont entourées d'arbres matures.

Nous sommes à Saint-Blaise-sur-Richelieu, plus précisément au 1292, rue Principale. Après l'avoir baptisé Côte de Blaise, Christiane Allard et Michel Lefebvre ont renommé le vignoble à partir de son adresse, car la côte n'était pas si prononcée en fin de compte.

L'aile du bâtiment historique du vignoble a été rénovée, les poutres d'origine conservées et le sol de terre battue bétonné. Cette partie du domaine est utilisée lors de 5 à 7, de baptêmes et d'anniversaires et elle peut recevoir jusqu'à 30 personnes.

Adjacente au bâtiment historique, l'aile moderne respecte l'architecture d'origine. Elle est très propre, car Michel Lefebvre croit en l'importance de la propreté en viniculture. Un léger dénivelé sur le terrain a permis de construire le chai sous terre. On peut l'admirer à partir de la salle d'accueil et de dégustation à travers une baie vitrée. Enfin, une vaste salle de réception se trouve au premier étage.

Les propriétaires du domaine ont tous deux grandi dans une ferme et ont souhaité conserver ce mode de vie. Avant de devenir vignerons, ils possédaient 27 hectares de maïs, ce qui les a préparés à leur profession actuelle.

Michel Lefebvre a d'abord suivi une année de formation en agronomie avant de bifurquer vers la médecine vétérinaire, un métier qu'il pratique encore aujourd'hui. Épicurien, il aurait très bien pu faire carrière en alimentation, mais la vie en a décidé autrement.

Le vignoble est de dimension modeste, soit 1,2 hectare comprenant 4 800 vignes, les premières ayant été plantées en 2007. La propriété pourrait certes accueillir plus de plants, mais l'agrandissement du vignoble n'est pas prévu dans un avenir proche, car les propriétaires visent avant tout la qualité, et non le volume.

« On est très choyés pour la température. On n'a jamais eu de dommages par le gel au printemps ou à l'automne », raconte avec fierté et soulagement Michel Lefebvre, qui reconnaît toutefois avoir connu des problèmes avec le cépage frontenac lors de l'hiver 2017 : les brusques variations de température (0 °C un jour, - 30 °C le lendemain) ont mis à mal ce cépage.

« Je crois beaucoup aux cépages rustiques et à la typicité des vins québécois. Je pense qu'on peut faire d'excellents produits », affirme Michel Lefebvre, qui est persuadé qu'une consommation accrue des vins d'ici est un geste écologiquement responsable. En achetant moins de vin de la Californie, par exemple, on contribue à diminuer la quantité de gaz à effet de serre émis lors du transport.

Et cette confiance paie : la Brasserie T ! (la deuxième enseigne des propriétaires du célèbre restaurant montréalais Toqué !) a acheté toute la production de St-Pepin 2016 du vignoble. « On est très fiers de ça. Normand Laprise encourage beaucoup les produits du terroir. »

Quoi boire, quoi acheter

Les vins du Vignoble 1292 sont principalement distribués dans les boutiques du terroir et le rosé est en vente à la SAQ depuis l'automne 2018. Autrement, tous les vins sont vendus sur place. Le lieu est idéal pour pique-niquer et il accueille volontiers les véhicules récréatifs, car il fait partie du réseau Terego (anciennement Terroir en VR).

Je vous conseille de mettre la main sur les deux vins blancs, soit le St-Pepin Swenson 1re cuvée et le Swenson Frontenac gris. Le premier, ciselé, intense en arômes de citron, d'herbes et d'agrumes, sera parfait avec les coquillages et les huîtres. Le deuxième, marqué par des saveurs d'amande, de pêche et de pomme verte, accompagnera à merveille les plats de poisson en sauce à la crème.

J'ai beaucoup aimé la couleur de pelure d'oignon du rosé, qui est composé des cépages sainte-croix et radisson. Dégustez-le à l'apéritif. Ses saveurs de petits fruits rouges (fraise, cerise) et son corps gras vous combleront.

Le rouge, composé de marquette et de frontenac, s'apparente à un gamay, le cépage roi du Beaujolais. On y retrouve un goût de bleuets confits et de poivron rouge légèrement fumé, et ses tannins sont légers. Il sera excellent avec les plats italiens à base de tomate et les viandes braisées.

Enfin, le vin de vendanges tardives, du frontenac gris, est un accompagnement incontournable pour le pâté de foie, les desserts au chocolat et la tarte aux pommes. Ses saveurs de pêche, de miel et d'amande se déploient sur une trame fraîche et équilibrée.

ESTRIE

Château de cartes

chateaudecartes.com

1285, rue Bruce (Route 202)
Dunham (Québec) J0E 1M0

Stéphane Lamarre, copropriétaire.

Stéphane Lamarre est tombé dans la fermentation alcoolique dès son enfance, en assistant aux expérimentations de son grand-père qui, avec de l'alcool de betteraves, produisait ce qu'on appelait du whisky blanc.

Ces premières expériences des procédés de fabrication d'alcool l'ont fasciné.

Ce n'est pourtant qu'après une carrière de 20 ans dans le domaine des médias (il a été réalisateur de vidéos d'entreprises et propriétaire d'une firme de publicité) qu'il a permis au vin d'occuper toute sa vie professionnelle. Afin de parfaire ses connaissances vinicoles, Stéphane Lamarre est allé étudier la fabrication du vin blanc dans des vignobles d'Alsace et d'Allemagne, et celle du vin rouge à Condrieu, dans la région des côtes du Rhône.

Lors de ces séjours en Europe, M. Lamarre a remarqué la popularité de la viticulture biologique. De retour au Québec, il a contacté une des pionnières de ce type de culture au Québec : Carole Desrochers, viticultrice et copropriétaire du vignoble des Négondos. Mais ce mode de culture n'était pas pour lui, surtout à cause des importants défis qui attendent le vigneron québécois. « Le climat du Québec n'est pas propice à la culture de la vigne. Il faut prendre des cépages adaptés à notre climat ou les protéger adéquatement », estime Stéphane Lamarre.

En 2008, après ses premiers échecs de vinification, il sollicite l'aide de Gilles Benoît, propriétaire du Vignoble des Pins. « Sans lui, je ne sais pas ce que j'aurais fait », raconte celui qui a senti que ses connaissances acquises en France et en Allemagne étaient inutiles au Québec.

Cette expérience lui a d'ailleurs inspiré le nom de son vignoble : « Je me suis senti démuni quand est venu le temps de faire du vin au Québec, comme devant un château de cartes qui ne cesse de s'écrouler. J'avais appris la technique, je connaissais la méthode, mais je n'arrivais pas à la mettre en pratique ici », raconte-t-il.

Comme bien des vignerons québécois, Stéphane Lamarre a d'abord planté des cépages hybrides et rustiques lorsqu'il s'est lancé en affaires dans le vin. Cependant, il est persuadé que le *vitis vinifera* représente l'avenir au Québec, car l'expertise acquise au fil des ans permet un meilleur contrôle de la production. « Je fais du mieux que je peux avec les raisins qui poussent au Québec », affirme celui qui préfère le gamay et le riesling, qui poussent entre autres sur ses terres.

Le domaine du Château de cartes compte trois hectares de vignes et deux de pommiers, le tout divisé en cinq champs. Il est situé en bordure de la route principale de Dunham, à deux pas des vignobles L'Orpailleur, Gagliano et Côtes d'Ardoise.

La cave de vieillissement, petite et épurée, a été érigée sur un sol de gravier. C'est zen et reposant ; on imagine que le vin doit bien y vieillir, particulièrement les mousseux, qui y demeurent de 14 à 18 mois, sur des lattes de bois.

Selon Stéphane Lamarre, produire du vin au Québec n'est possible que grâce à la passion. « Le vigneron qui n'est pas passionné de son art ne survivra pas dans les conditions qu'on trouve au Québec », soutient-il. « Du vin, ça se fait avec deux chaudières ! » ajoute-t-il à l'intention de ceux qui tiennent absolument à posséder un équipement de vinification de pointe. Selon lui, même la meilleure machine n'accomplira pas de meilleurs résultats que des travailleurs passionnés.

Sa conjointe, Anik Desjardins, et lui écoulent leur production de 35 000 bouteilles sur place, à la SAQ et dans des épiceries.

Quoi boire, quoi acheter

La variété et la qualité des produits proposés vous étonneront lors de votre passage au Château de cartes. D'entrée de jeu, je vous conseille le brut rosé, légèrement sucré, mais également doté d'une belle finesse, avec des saveurs franches de fraise et de liqueur de cerise. Parfait pour l'apéro.

En blanc, le St-Pépin est long en bouche et révèle un côté gras, appuyé par un goût de beurre, ainsi que des saveurs de pomme jaune et d'épices. Délicieux avec des crevettes et des pétoncles sautés dans le beurre, justement ! Pour sa part, l'Atout blanc petnat (pour « pétillant naturel ») est un succès auprès des millénariaux. On y trouve des notes de poire, de pomme et une texture onctueuse. Une autre excellente option pour l'apéro.

Le vin orange de Stéphane Lamarre et Anik Desjardins est, pour sa part, idéal avec des mets indiens fleurant le cumin et le curry jaune. Épicé, il déploie un arôme de pêche ainsi qu'une vive acidité. Quant au vin gris, il fait saliver avec ses saveurs de pamplemousse blanc et de sel. Il sera parfait en accompagnement de sushis et de fruits de mer.

Les vins rouges ne sont pas en reste, au domaine du Château de cartes, et ils présentent une souplesse digne de bons vins de soif. L'Atout rouge est facile à boire, avec ses tannins souples et ses saveurs de cerise, de fraise et de poivre. Dégustez-le avec des volailles grillées. Quant au Marquette Réserve, élevé en fûts français neufs et usagés, il exprime des arômes de poivre gris et noir, de cassis et de fraise. À boire avec des mets végétariens et des plats mijotés de volaille ou de viande rouge.

Domaine des Côtes d'Ardoise

www.cotesdardoise.com

879, rue Bruce (Route 202)
Dunham (Québec) J0E 1M0

Barbara Jiménez Herrero, directrice générale et œnologue du domaine.

Situé à quelques pas du Vignoble de L'Orpailleur à Dunham, le Domaine des Côtes d'Ardoise est le plus vieux vignoble commercial au Québec. Il célèbre d'ailleurs ses quarante ans en 2019. On y a planté les 4 000 premières vignes en 1979 et la cuvée initiale, constituée de 500 bouteilles, est apparue sur le marché en 1982. Certaines des vignes actuelles sont d'ailleurs d'origine, mais la directrice générale et œnologue du domaine, Barbara Jiménez Herrero, admet qu'elles libèrent plus difficilement leurs vieux fruits.

Originaire de Mendoza en Argentine, le royaume du vin rouge malbec, Barbara Jiménez Herrero est ingénieure agronome de formation. À son arrivée au Québec, il y a une vingtaine d'années, elle a aussi obtenu son titre d'œnologue. Elle a travaillé comme consultante pour OenoQuébec et comme œnologue à la SAQ. Elle poursuit ses activités de consultante pour quelques autres vignobles québécois et est la présidente de l'Association canadienne des œnologues. En 2011, elle a réalisé sa première vinification aux Côtes d'Ardoise. L'année précédente, Steve Ringuet, Julie Tassé, Marc Colpron et Ginette Martin avaient acheté le vignoble.

Aujourd'hui, le Domaine Côtes d'Ardoise comprend 80 hectares, dont 12 de vignes et 8 de pommiers. Il cultive 50 000 pieds de vignes, parmi lesquels sont plantées 17 variétés de cépages, dont 4 de *vitis vinifera* (riesling, gamay, chardonnay et gewurztraminer). Les 13 autres cépages, des hybrides, se voient surtout vinifiés en assemblage.

Le vignoble est en voie d'obtention de la certification de culture biologique, mais le verger de pommiers en détient une depuis 2019. De plus, depuis son arrivée au domaine en 2011, Barbara Jiménez Herrero a proscrit les herbicides et les insecticides dans toutes les cultures du domaine.

Des vins très secs

Malgré les années passées aux Côtes d'Ardoise, madame Jiménez Herrero s'étonne encore qu'on puisse autant défier l'ordre naturel des choses en produisant du vin au Québec, cette contrée aux hivers si froids.

Néanmoins, aux Côtes d'Ardoise, on en produit, du vin! Ceux-ci sont d'ailleurs « secs, très secs », affirme sa directrice générale. « Cela vaut même pour les vendanges tardives, que je n'amène pas au niveau de sucre optimal afin de conserver davantage d'acidité, donc de fraîcheur. Mes vins sont différents chaque année. Je respecte la matière première que j'ai. »

Quoi boire, quoi acheter

Le Domaine des Côtes d'Ardoise cultive depuis longtemps le riesling. Ce vin est, selon moi, un incontournable au Québec, un exemple de ce cépage comme il s'en fait en Alsace et en Allemagne. L'expérience du Domaine en la matière transparaît dans leur riesling, qui est très droit et presque doté d'une ossature en acier, ce qui lui procure un dynamisme et une acidité à couper au couteau. De fraîches saveurs de pomme verte, de lime et d'herbes fraîchement coupées l'agrémentent en fin de bouche. Essayez-le avec des fromages à pâte molle et demi-ferme.

Le rosé Charmes et délices est un assemblage de frontenac gris et de seyval noir. En bouche, il est charmant, gourmand et gouleyant, gracieuseté des fruits des champs, de la framboise et des bleuets. Il constitue l'accord parfait avec une salade de fruits de mer (un mélange de crevettes et de pétoncles, agrémenté d'avocats, ferait particulièrement l'affaire).

Le rouge Haute-Combe est constitué des cépages gamay et de chaunac. Puisqu'il constitue le cépage principal des beaujolais, le gamay est habituellement souple et simple en bouche, comme ses confrères de la même famille. Or celui-ci est plutôt tannique et il offre même des saveurs de poivre noir écrasé. Du poivron, de la cerise des bois et une légère trace d'alcool lui feront tenir tête à des charcuteries bien épicées.

Domaine du Ridge

domaineduridge.com

205, chemin Ridge
Saint-Armand (Québec)
J0J 1T0

Marie-Florence Crevier Paradis, responsable des ressources humaines et du marketing.

Fondé en 1996 par Denis Paradis, député du Parti libéral du Canada, le Domaine du Ridge figure parmi les plus vieux vignobles du Québec. En ce qui a trait à sa superficie, avec ses 40 hectares, il arrive juste après L'Orpailleur. Les 80 000 plants du domaine, plantés dans un sol en coteau, argileux et rocailleux, produisent chaque année environ 150 000 bouteilles. « On a grandi plus vite qu'on le pensait », avoue sa directrice, Marie-Florence Crevier Paradis, la fille du fondateur. Et la croissance se poursuit, car 50 000 plants ont été ajoutés depuis 2016. Le domaine loue aussi des terres vouées à la croissance d'autres vignes, dont il conserve aussi les fruits pour produire ses vins.

Les vignes sont buttées (recouvertes de terre) l'hiver, même les cépages rustiques, pourtant réputés pour leur résistance au froid. En outre, l'utilisation de toiles géotextiles est de plus en plus privilégiée, car « elles peuvent aider les plants à doubler, voire tripler leur production, surtout pour les cépages rouges », explique Marie-Florence Crevier Paradis. Aussi, le vignoble est peu vulnérable aux gels printaniers et comprend par conséquent beaucoup de cépages blancs, dont du seyval et un peu de vidal, récoltés lors de vendanges tardives. Mme Crevier Paradis croit d'ailleurs que la force du Québec réside dans la production de vins blancs et rosés. Les propriétaires du vignoble se sont même demandé s'ils ne devaient faire que ça.

Une tradition familiale

« Mon père est un homme à projets », raconte Marie-Florence Crevier Paradis. Il avait acheté 2000 plants de vigne au Vignoble l'Ardennais, à Stanbridge East, « pour le plaisir, pour sa consommation personnelle ». À un moment, toutefois, cette production a dépassé ses besoins. D'où la décision de fonder son propre vignoble. « C'est un vignoble qui est parti d'une passion », explique Mme Crevier Paradis au sujet de ce qui était essentiellement un domaine familial pendant les huit premières années.

À près de 30 ans, la fille du propriétaire connaît le domaine comme le fond de sa poche. Enfant, elle a planté les premières vignes et en a récolté les fruits. Un peu plus vieille, elle a commencé à travailler à la boutique et a passé tout un été à faire l'étiquetage manuel des bouteilles de vin, avant l'arrivée de l'embouteilleuse automatique, en plus de faire de la représentation sur la route. Elle s'est officiellement jointe à l'équipe du Domaine du Ridge à temps plein en 2014. Elle s'occupe désormais des ressources humaines, des communications, de la publicité et du graphisme.

À vos pieds !

Une étrange baignoire se trouve sur le terrain du Domaine du Ridge. C'est un fouloir traditionnel qui, à l'origine, était une base de silo à grains. Historiquement, depuis l'Antiquité, seules les jeunes femmes pouvaient participer au foulage des raisins. Dans l'esprit de cette tradition, chaque année, de la fin septembre au début octobre, le vignoble invite, les samedis ou les dimanches, 40 femmes à fouler avec leurs pieds la récolte d'une parcelle de raisins blancs.

Fouloir traditionnel, encore utilisé aujourd'hui.

C'est la fête ! Rosé à volonté pour les vaillantes et musique d'un accordéoniste pour l'ambiance. Cette production de près de 1000 litres est embouteillée sous le nom de Cuvée du fouloir.

Les mains d'employés saisonniers sont également sollicitées durant les vendanges, car ces dernières se font manuellement. La culture de la vigne se déroule, avec l'aide des agronomes de Dura-Club, en mode raisonné, donc en réduisant l'utilisation de produits chimiques et en tenant compte de l'environnement. En haute saison, une trentaine d'employés participent à la récolte.

Plus que de la production vinicole

Deux terrasses occupent le domaine ; elles sont surtout réservées aux mariages, mais le vignoble s'oriente de plus en plus vers les événements d'entreprises et l'œnotourisme. Ainsi, les samedis et dimanches d'été et d'automne, des visites épicuriennes sont organisées. Le public a droit à un tour des installations et à une dégustation commentée des 10 produits en vente, accompagnés d'une sélection de charcuterie. Les clients proviennent surtout de Montréal, un peu de Québec, de Sherbrooke et des États-Unis, car le Domaine du Ridge est un des vignobles le plus au sud de la région. De nombreux cyclistes s'arrêtent également en chemin et repartent avec quelques bouteilles.

Enfin, en plus du vignoble, le Domaine du Ridge possède un bistrot qui fait aussi office d'auberge, à Stanbridge East, et une serre de boutures de vigne, que le domaine vend à d'autres producteurs dans la région (100 000 boutures de cépages provenant du vignoble et d'ailleurs, surtout des hybrides et des rustiques).

Quoi boire, quoi acheter

Fait rare dans le vin québécois, toutes les bouteilles produites par le domaine sont coiffées de capsule à vis. Elles sont aussi vendues en majorité à la SAQ et dans des épiceries.

Sur place, je vous conseille la Cuvée du fouloir. Fait à noter : ce vin de seyval blanc est légèrement oxydé en raison du foulage aux pieds. Vous y décèlerez quelques arômes fermentaires, des notes de pamplemousse, d'herbes aromatiques et de citron, le tout dans un ensemble harmonieux. Ce vin s'alliera bien avec les huîtres et les fromages doux à pâte molle.

Le vin blanc fortifié Saint-Martin s'apparente au pineau des Charentes et présente des arômes de noisettes, de citron confit et d'herbes séchées. L'alcool y est bien présent, mais l'acidité atténue son attaque en bouche. À essayer sur une crème glacée à la vanille ou avec des noix salées et fumées.

Domaine Les Brome

www.leoncourville.com

285, chemin de Brome
Lac-Brome (Québec) J0E 1S0

Anne-Marie Lemire et Léon Courville, propriétaires.

« Pour faire du vin, ça prend un esprit inquisiteur, il faut avoir un peu l'âme d'un professeur. Moi, je voulais en apprendre plus. » Ces mots sont justement ceux d'un ancien professeur d'économie à HEC Montréal, Léon Courville, maintenant copropriétaire, avec Anne-Marie Lemire, du Domaine Les Brome.

Après sa carrière en enseignement, Léon Courville est devenu président et chef des opérations à la Banque Nationale. Il a ensuite pris sa retraite en 1999, à 55 ans, pour fonder son vignoble.

Mais en vérité, son intérêt pour le vin remonte à 1970, à l'époque de ses études aux États-Unis. Un de ses professeurs l'avait mis en contact avec un important distributeur de vin installé à Washington, qui avait des problèmes de logistique, de transport et d'entrepôt. « Les premiers vins que j'ai goûtés chez lui, c'étaient des Gruaud-Larose Saint-Julien

1955, 1957, 1959, 1961 et 1964 », confie Léon Courville. Durant son séjour en sol américain, il a peu à peu bâti une cave comportant une collection de grands vins.

Une fois à la retraite, pourquoi s'est-il lancé dans le vin au Québec ? « J'avais déjà cette propriété, en coteaux, face au lac Brome. Ce dernier agissant un peu comme une source de régulation thermique, parce que la chaleur du cours d'eau prolonge d'une certaine manière l'été jusqu'en octobre dans les environs immédiats du lac, les gels dans le vignoble se trouvent quelque peu retardés. En plus, j'aimais le monde du vin et je voulais faire quelque chose chez moi, au Québec. Comme j'avais aussi une fibre entrepreneuriale, je voulais bâtir un patrimoine. » Il aurait pu acheter un domaine en Californie, mais il tenait absolument à vivre dans la Belle Province. Des amis vignerons de l'Ontario l'ont convaincu de planter les cépages hybrides français avec lesquels ils travaillaient eux-mêmes. C'est ainsi que le vignoble a été lancé en 1999.

En 2005, le Domaine Les Brome a proposé ses premières bouteilles, issues du millésime 2003. Aujourd'hui, le vignoble compte 22 hectares de cépages hybrides et de *vitis vinifera* (chardonnay, pinot gris, riesling et pinot noir). Léon Courville œuvre beaucoup dans le champ et laisse la vinification à l'œnologue Amélie Oustau. Anne-Marie Lemire tient pour sa part les rênes de la commercialisation. Cette ex-gestionnaire d'entreprises détient en outre une expertise en distribution de produits, ce qui est bien utile pour un vignoble.

Une jeune industrie

En se lançant dans la confection du vin, Léon Courville voulait hausser la gamme des vins produits au Québec. « C'est sûr que l'industrie est jeune, mais en même temps, il faut avoir une certaine complaisance envers elle, au moins équivalente à celle des vins étrangers. Et si on trouve de bons vins, il faut en parler », estime le vigneron.

Il souligne du même souffle le fait que l'industrie viticole québécoise souffre encore de sa petitesse, en plus d'estimer que la connaissance doit être mieux partagée entre les artisans. « Je dis souvent que la distance entre Montréal et Bromont est plus grande qu'entre Montréal et Bordeaux », affirme-t-il au sujet du manque de reconnaissance des vins québécois par la clientèle.

Quoi boire, quoi acheter

Lors de votre passage dans la boutique du domaine, jetez un coup d'œil à la collection de tire-bouchons acquise au fil des ans par les propriétaires. Elle est impressionnante !

Je recommande sans hésitation les vins blancs du vignoble. Le Riesling réserve est puissant et déploie une vive acidité. Il dégage des arômes de poivre gris, d'abricot et de fumée. À boire avec des fromages à pâte dure. Léon Courville a planté les vignes de riesling en 2011 et depuis, les rendements obtenus chaque année sont très satisfaisants.

Le Vidal réserve libère des arômes de craie, de citron confit, d'épices et de bois. C'est un vin complexe qui siéra bien à vos plats de porc et de viandes charcutières. Le millésime 2008 du Vidal réserve a impressionné Jancis Robinson, célèbre chroniqueuse britannique et auteure de plusieurs encyclopédies et guides sur les vins du monde. Léon Courville loue la polyvalence du vidal, qu'il produit également en vin demi-sec. Il estime même que ce cépage contient des tannins.

En rouge, la cuvée Thomas est un vin qui n'a aucunement à rougir devant ses compétiteurs internationaux. Il offre des saveurs rassurantes de vanille, de cassis, de fruits rouges mûrs et d'épices et des tannins présents, sans être rudes ni envahissants.

Le pinot noir vous étonnera avec ses saveurs de cerise noire, de thés rouge et vert et de poivre rose, ainsi qu'avec ses légères traces de plants de tomates, donc de saveurs végétales. La volaille grillée aux tomates sera bien heureuse en compagnie de ce vin.

Pour produire son baco noir, Yvon Courville a sollicité l'aide du vignoble ontarien Henry of Pelham, reconnu pour son expertise avec ce cépage. Je vous conseille de l'attendre encore quelques années afin que son acidité et ses tannins élevés se calment un peu. Alors, les saveurs de griottes et d'olive noire se réveilleront du bon pied et accompagneront à merveille une ratatouille.

Le XP édition 06 est issu entièrement du cépage de chaunac, vinifié différemment en trois parts égales. Ainsi, un tiers est passerillé, un autre est vinifié en cuves d'acier inoxydable et le dernier tiers l'est en fûts de chêne. Comme les raisins doivent tous provenir d'une seule et même vendange pour qu'un vin soit millésimé, celui-ci ne l'est pas. Effectivement, ses raisins proviennent des millésimes 2011, 2014 et 2016. Chaque année, le vigneron expérimente avec ce vin et change la manière de le réaliser. Qu'y retrouve-t-on ? Une masse acide et tannique lourde ainsi qu'une complexité impartie par des saveurs de grains de café, d'épices et de cuir. Ce vin peut tenir tête sans problème à des viandes rouges longuement braisées et accompagnées de champignons.

Du côté des vins de dessert, le Vidal vendanges tardives est très bien réalisé. Frais, il offre des saveurs de pêche et d'agrumes. Je le verrais bien avec une salade de fruits frais.

Le Vin de glace, modérément sucré, est d'un calibre supérieur dans cette catégorie de produits. Les fruits tropicaux, la mangue, la pêche et l'abricot évoluent magnifiquement dans une trame acide et longue. Il s'agit d'un dessert en soi, à boire seul. Ce vin est sans contredit un coup de cœur.

Les Pervenches

www.lespervenches.com

150, chemin Boulais
Farnham (Québec) J2N 2P9

Michael Marler, copropriétaire.

« Si tu fais du beau raisin, ton vin va être bon », a appris Michael Marler en Europe. « Ce n'est pas compliqué de faire du vin, à mon avis. Ça fermente tout seul. Évidemment, il y a les techniques de pressurage, etc. Il y a beaucoup de nuances. On veut que chaque parcelle de notre vignoble donne le meilleur d'elle-même pour que notre intervention dans le champ soit minimale. »

Lorsque je lui demande pourquoi il fait du vin, sa réponse est sans équivoque : « Pourquoi pas ? » Après avoir longuement voyagé, Michael Marler et sa compagne, Véronique Hupin, ont estimé que c'était plus simple de faire du vin ici. Oui, le couple, propriétaire depuis 2000 de ce vignoble de Farnham, dans les Cantons-de-l'Est, croit au potentiel viticole du Québec, malgré les aléas et les difficultés associés à la culture de la vigne sous nos latitudes.

Lorsque Michael et Véronique ont acheté Les Pervenches en 2000, le vignoble fondé en 1991 ne comptait qu'un hectare de vignes et était occupé par du seyval et du chardonnay, cultivés en agriculture conventionnelle. « C'est pour ça qu'on l'a acheté. Il y avait du chardonnay », dit le vigneron en parlant des plants du rang du Couchant (0,5 hectare), qui ont 27 ans.

Depuis, le couple a converti le vignoble en culture biologique, puis en culture biodynamique en 2004 (il détient les certifications Ecocert, Demeter et Garantie bio).

Les installations du domaine sont simples, voire minimales. Mais c'est plus que suffisant pour le style de la maison, soit des vins au goût franc, pur et aromatique.

Lors de notre visite par une belle journée du début mai, nous dérangions un peu, parmi les nombreux clients, mais Michael Marler et Véronique Hupin, généreux, ont pris le temps de nous parler.

Un voyage initiatique

Avant de cultiver la vigne, le couple a voyagé au Chili et en France pendant six mois, où Michael a fait une partie de ses études en agriculture. Véronique Hupin et Michael Marler voulaient s'installer au Chili pour y faire du vin. Mais « ce n'est pas ce qu'on avait imaginé », racontent-ils. « C'étaient de gros vignobles. Tu sais, un petit vignoble, c'est 80 hectares. En plus, tout est exporté, il n'y a pas de culture du vin, il n'y a pas de culture de vignerons. C'était plate. »

De plus, M. Marler aime peu les vins chiliens, « très riches, très chauds ».

Ils sont rentrés du Chili en avril 2000 et ont acquis le domaine le 1er juillet : « On savait qu'on voulait être vignerons. »

La fibre de l'agriculture était dans leur ADN : les parents de Véronique détenaient une ferme à Bromont et Michael travaillait pour le père de Véronique depuis huit ans. « Je savais que je voulais être agriculteur. J'aime les machines, mais faire le travail manuel, c'est plus le *fun*. Vigneron, c'est un travail manuel. »

En revenant de l'étranger, le couple a envisagé de produire du fromage artisanal, car à l'époque cette industrie était en pleine expansion au Québec. Mais Véronique et Michael ont tout de même préféré le vin.

Bichonner les vignes

Michael Marler rappelle qu'en 2000, le vin au Québec était une industrie touristique. « Il n'y avait pas, ou si peu, de vins québécois à la SAQ. Personne ne prenait soin de son seyval », un des cépages largement plantés au Québec. Le vigneron s'est alors dit : « Je vais traiter toutes mes vignes comme un grand cru. Je ne peux pas dire que j'étais convaincu que ça allait donner des résultats aussi bien que ceux qu'on a aujourd'hui, mais je savais que c'était la voie qu'il fallait qu'on prenne. Être vigneron pour vendre du vin à un touriste de passage ne nous intéressait pas. On faisait ça parce qu'on était passionnés par le vin et le bon vin. On tripe encore aujourd'hui, et on cherche encore à amener toute notre production aux niveaux de qualité les plus hauts. »

Véronique et Michael ont aussi refusé d'être des « victimes du climat québécois », qui, nous le savons, est rude l'hiver. « On a fait le choix d'y rester. »

Les producteurs n'ont que du seyval comme cépage hybride. « Le seyval représente la typicité du terroir québécois », croit Michael Marler. Ils en ont d'ailleurs planté un autre hectare et demi depuis l'achat du vignoble.

La culture en biodynamie

Selon *La Revue du vin de France*, « la biodynamie est un système de production agricole biologique inventé à partir des années 1920 par l'Autrichien Rudolf Steiner, qui considère l'exploitation agricole dans son ensemble comme un organisme vivant diversifié et le plus autonome possible. Il prend également en compte l'influence magnétique de la terre, de la lune et du soleil dans le développement de la plante et de ses défenses naturelles. La biodynamie utilise par ailleurs les plantes et les minéraux, sous forme de dilution et de macération afin de soigner et d'équilibrer les cultures ».

Michael Marler constate la complexité de ce genre de culture, et il ne conseille pas à tous les vignerons de s'y lancer : « Avant de faire de la biodynamie, tu dois être un bon vigneron, sinon [la biodynamie] ne va pas fonctionner. C'est une manière de vinifier les sols qui a un impact positif sur la vigne ».

Pour apprendre tout de la biodynamie, Véronique Hupin et Michael Marler ont visité des vignobles en France, en Italie et en Espagne.

Ce mode de production semble se répandre au Québec, dans de nouveaux domaines menés par de jeunes vignerons, qui, comme aux Pervenches, croient aux vins du Québec : « Ils prennent le même modèle qu'ici. Ils plantent beaucoup de cépages *vitis vinifera*. Ce sont de petites productions qui sont axées sur la culture plus biologique. »

L'avenir

Le couple conserve son objectif de produire du vin le plus sainement possible. Il ajoutera en 2019 ou en 2020 un hectare de plus de zweigelt et de seyval à parts égales, dans le sud du vignoble, ce qui augmentera la production de 30 %.

Même si les ventes sont optimales – les vins sont souvent en rupture de stock, les sommeliers des restaurants québécois se les arrachent –, Véronique Hupin et Michael Marler préfèrent que le vignoble conserve une taille humaine et ne pas avoir plus d'employés que les trois qui les aident actuellement.

Quoi boire, quoi acheter

Les vins des Pervenches partent vite. Si vous voulez mettre la main sur un de ces précieux flacons, rendez-vous au domaine au début juin lors de l'ouverture de la boutique. Sinon, vous les trouverez en vente dans quelques épiceries fines et dans des restaurants, dont les prestigieux Toqué !, Leméac et L'Échaudé.

Les vins blancs sont purs, frais, aux saveurs précises de citron Meyer et de fruits jaunes confits. Ce sont des vins de table, parfaits pour la haute gastronomie. Mention spéciale au chardonnay Le Couchant (les vignes ont 27 ans) qui étonne avec son goût d'amande et son angle minéral.

En rouge, achetez les yeux fermés le zweigelt-pinot noir, un vin de plaisir aux fruits rouges, aux tannins souples et à la longueur étonnante.

Le vignoble Les Pervenches vend également des bulles, soit un pétillant naturel nommé Bonbon Bulles et un mousseux issu de la méthode traditionnelle (comme le champagne) qui porte le nom de Bubulles.

Vignoble de L'Orpailleur

orpailleur.ca

1086, rue Bruce
Dunham (Québec) J0E 1M0

Charles-Henri de Coussergues, cofondateur.

Avec 30 hectares de vignes en production, L'Orpailleur, un pionnier du vin au Québec, fait partie du club sélect des grands domaines de la Belle Province. En 2017, la production totale s'élevait à 320 000 bouteilles. Charles-Henri de Coussergues, le cofondateur du vignoble, est toujours à la tête de l'entreprise, malgré les vents et marées qu'il a dû affronter au cours des années, dont une quasi-faillite du domaine au milieu des années 1990.

« On revient un petit peu à ce qu'on avait planté il y a 30 ans, des *vitis vinifera* », raconte-t-il. Ainsi, 10 hectares de vignes se sont ajoutés au vignoble ces dernières années, dont 3 comprenant du seyval, du chardonnay, du riesling, du gewurztraminer, du pinot gris, du pinot noir et du cabernet franc, tous (excepté le premier) des cépages *vitis vinifera*. Ce sont cependant les plants de chardonnay qui dominent, et de loin, de sorte qu'une cuvée entièrement produite avec ce cépage est arrivée sur le marché en 2018.

« Les changements climatiques, c'est clair que ça ne s'est pas fait du jour au lendemain. Les vignes commençaient à pousser vers le 10 mai il y a 10 ans. Aujourd'hui, on est dans le champ le 15 avril, et les vignes commencent à pousser le 25 avril, soit deux semaines plus tôt. On observe la même chose pour les gelées de l'automne. Les feuilles gelaient vers le 25 septembre. L'an dernier, ça a gelé le 3 novembre », raconte le vigneron. Cela signifie que la porte est maintenant ouverte aux cépages plus tardifs, comme le riesling et le cabernet franc. « Jamais je n'aurais pensé planter ces cépages un jour au Québec », poursuit Charles-Henri de Coussergues, qui a connu le vignoble à ses débuts, alors qu'il ne contenait que des vignes hybrides et rustiques.

Le cofondateur se réjouit des belles années que connaît actuellement l'industrie du vin au Québec, grâce à sa maturité et à la réception plus que favorable du public. Il souligne également l'arrivée de nouveaux joueurs dans le domaine, dont des jeunes bien documentés, qui souhaitent apprendre de précurseurs comme lui. « On essaie de leur éviter les erreurs qu'on a faites. »

Les raisins de glace en attente d'être récoltés.

Un samedi d'automne, l'endroit bourdonne d'activité grâce au marché local de produits agroalimentaires que L'Orpailleur accueille sur place depuis une dizaine d'années entre la fête du Travail et l'Action de grâce.

Le grand public est le bienvenu au vignoble et, dès les débuts, en 1982, Charles-Henri de Coussergues a rapidement dû organiser des visites guidées afin d'étancher la soif de connaissance des Québécois.

Le domaine de L'Orpailleur comprend une salle de réception avec vue sur les vignes, que l'on peut réserver pour des mariages et des événements de tous genres. L'endroit compte aussi un restaurant, le Tire-Bouchon, qui offre un service de traiteur.

Quoi boire, quoi acheter

Le vin blanc, le vin rouge et le vin de glace de l'Orpailleur sont en vente à la SAQ. Lors de votre visite au domaine, laissez-vous donc tenter par les produits vendus uniquement sur place plutôt que par les variétés que vous pourrez trouver ailleurs. Commencez par le mousseux, qui présente des bulles fines abondantes et des saveurs de fruits frais (citron, ananas) et de liqueur d'agrumes. En bonne compagnie, vous viderez la bouteille sans vous en rendre compte, tellement ce mousseux est digeste.

Le blanc Réserve est un vin vinifié en barriques de chêne. Il est donc épicé, avec des arômes simples d'ananas et de fruits tropicaux. Il se mariera idéalement avec des plats de poisson grillé.

La Cuvée Natashquan, le blanc haut de gamme du domaine, est un vin légèrement boisé qui déploie des saveurs de citron, de pamplemousse et d'épices et qui paraît enveloppé d'une texture laineuse. À boire en accompagnement de fruits de mer gratinés et de poissons gras.

Le rosé, uniquement vendu au domaine, est frais et agréable grâce à des saveurs classiques de fraise et de framboise. Je le conseille surtout en apéritif.

L'Orpailleur gris est un de mes coups de cœur et le parfait compagnon pour des sushis. Très acide malgré ses 18 grammes de sucre par litre, il dégage des flaveurs de fruits frais, de poivre gris, de pêche jaune et d'épices.

La Part des anges, une mistelle vieillie pendant six ans à l'extérieur, ressemble à un porto blanc. Vous y décèlerez des notes d'épices, de vanille et de caramel, ainsi qu'une acidité élevée. Accompagnez-la de fromages bleus ou de tarte aux fruits peu sucrée pour en faire ressortir toute la richesse.

Enfin, la Marquise, un vin fortifié aux agrumes et aux épices, me fait penser à un vermouth, mais en plus puissant. À la dégustation, des saveurs liquoreuses de citron, d'écorce d'orange, de cannelle et d'épices tapissent le palais.

Une grappe de raisins de glace.

Vignoble du Ruisseau

levignobleduruisseau.com

4500, chemin Strobl
Dunham (Québec) J0E 1M0

Sara Gaston, vigneronne et copropriétaire.

« On est les seuls au monde [à chauffer la vigne] », nous assure Sara Gaston, vigneronne et copropriétaire de ce spectaculaire domaine situé à Dunham, dans les Cantons-de-l'Est, devant le mont Sutton.

Le bâtiment principal du vignoble est de style loyaliste, un clin d'œil à l'histoire de la région.

Le terme « spectaculaire » décrit bien ce vignoble fondé en 2007, qui a effectué sa première vendange en 2009 et ouvert ses portes au public en 2016. Il produit 98 % de ses vins en cépages *vitis vinifera* (chardonnay, pinot noir, etc.), ce qui demeure une opération pleine de défis face au climat québécois, mais « on a la chance d'avoir des cépages internationaux qui rappellent quelque chose aux gens. Ce n'est pas tout le monde qui connaît le maréchal foch, le seyval », fait valoir la vigneronne Sara Gaston.

Pour protéger les précieux plants du rude hiver québécois, le Vignoble du Ruisseau les couvre de toiles géotextiles, comme cela se fait dans d'autres domaines d'ici. Mais il utilise aussi une toile printanière : « On réveille nos vignes deux à trois semaines d'avance pour qu'elles poussent plus vite », explique Sara Gaston. « La toile est transparente, donc elle crée un effet de serre. Elle est enlevée à la mi-mai, quand les feuilles touchent la toile. Il y a des gels tardifs au début mai. »

La réelle protection du vignoble provient cependant des installations de géothermie, qui maintiennent la vigne à -10 °C durant l'hiver. La chaleur contenue dans le sol est ainsi redistribuée dans la vigne.

Afin de mettre en valeur ces différentes méthodes, les propriétaires du vignoble détiennent 25 permis d'utilisation et ont entamé les procédures pour obtenir un brevet international pour leur installation géothermique.

Bien sûr, tout cela a un coût : 18 millions de dollars d'investissements, dont 6 millions pour la géothermie.

Trente employés bichonnent les 6,5 hectares de vignes. Du 1er avril au 1er décembre, des travailleurs mexicains sont engagés pour la haute saison.

La production est de 65 000 à 70 000 bouteilles par an. Les tailles, les vendanges et le tri des raisins sont effectués manuellement.

« C'est un beau travail d'équipe », dit Sara Gaston lors de notre visite en kart électrique de l'entreprise familiale détenue par son père, sa mère, son conjoint et elle.

Pendant plus de 30 ans, ses parents ont possédé une compagnie de construction résidentielle sur la Rive-Sud, dans la région de Montréal, « ce qui nous a permis d'avoir l'entreprise qu'on a là ».

« Mon père appelle ça son projet de retraite. Moi, j'appelle ça mon projet de vie. Et mon père aimait bien le concept de donner de génération en génération, ce qui est perdu malheureusement au Québec. »

Et pourquoi planter majoritairement des vignes *vitis vinifera* ? « On voulait planter des vignes pour faire des vins qui nous plaisent, répond Sara Gaston. Mon père est un mordu de tout ce qui vient de Bourgogne, donc chardonnay et pinot noir, et moi, je suis une *fan* du riesling et du gewurztraminer. »

Quant au merlot et au cabernet-sauvignon, c'était un défi lancé à son père. Les cépages rouges sont cultivés sous la protection de « grands tunnels », des dômes rigides qui abritent la vigne de la pluie dans le but de l'assécher et de la forcer à s'hydrater par ses racines, plus loin dans le sol. Les dômes protègent la vigne des vents parfois violents qui sévissent à Dunham et permettent d'élever la température de l'air de 5 à 8 °C par rapport à la température extérieure.

La maturité requise pour la culture du merlot et du cabernet-sauvignon est donc plus facile à atteindre. D'ailleurs, depuis un an ou deux, le vignoble vendange le cabernet-sauvignon plus tôt que certains cépages blancs.

Pour installer ces grands tunnels, l'entrepreneur a dû dynamiter le sol. La réutilisation des pierres ainsi extraites a permis de créer les chemins du domaine.

La construction des installations de géothermie a été relativement simple, grâce à l'expertise en construction de la famille. « Faire le vin, c'était la partie qu'il fallait apprendre et c'était plus difficile », précise Sara Gaston. Pourtant, aucun ingénieur n'a voulu signer les autorisations pour la géothermie : « "Vous êtes fous, ça ne marchera pas!" disaient-ils. Maintenant, tous les ingénieurs qui en entendent parler veulent mettre leur sceau et signer ! » raconte Sara Gaston, sourire en coin.

C'est bien beau toute cette technologie pour faire pousser la vigne, mais ce processus ne dénature-t-il pas l'idée parfois romantique que nous nous faisons du vin ? En réponse, Sara Gaston rappelle que les tomates Savoura, qui poussent en serre, sont très prisées par les consommateurs. « On est tellement traditionnels dans notre façon de faire le vin, on a le goût d'être innovants dans notre façon de s'assurer que la vigne résiste. Elle a quand même les deux pieds dans la terre. L'effet terroir, l'effet millésime sont présents, sauf pour le rouge », note-t-elle en parlant du sol, du climat et du millésime, trois facteurs qui influencent le vin.

Un chai spectaculaire

Dans la philosophie qui anime les propriétaires du Vignoble du Ruisseau, le système par gravité a une place de choix. Le chai est disposé sur trois étages, le pressoir pneumatique vertical étant situé à l'étage supérieur. Aucune pompe n'est utilisée pour déplacer le jus des raisins. La gravité « ne dénature pas le vin », estime Sara Gaston.

Des cuves thermorégulées, faites sur mesure en Bourgogne, trônent dans le chai.

Le clou de la visite se trouve au niveau inférieur, dans le chai de vieillissement des vins. Des portes spectaculaires en acajou africain se dressent devant nous à notre arrivée ; elles ont été dessinées à l'interne et réalisées par un forgeron de Glen Sutton. « Il faut un bois qui ne travaille pas trop avec l'humidité ou avec la température. »

L'intérieur est impressionnant et il contient deux chais, réglés à 12 °C et à 75 % d'humidité, occupés par les barriques de chêne de Bourgogne, la mère patrie du pinot noir. Les chais, un pour les vins blancs, l'autre pour les rouges, sont séparés par un espace de dégustation, offert pour des événements privés.

De l'érable et des alcools

Le Vignoble du Ruisseau possède également une érablière de 10 000 entailles. En plus des produits dérivés du sirop, on y confectionne des vins d'érable.

Dans l'avenir, de l'alcool de raisin, de pomme (le vignoble détient un hectare de pommiers) et d'érable sera offert. Pour le moment, un petit alambic crée 200 litres d'alcool par jour, mais un plus volumineux donnera bientôt 2000 litres par jour.

Une visite guidée instructive

À l'accueil, les visiteurs sont conviés, dans une salle multimédia dernier cri, à visionner une vidéo sur la culture du vin. « On veut éduquer les gens en matière de vin », indique Mme Gaston. Le Vignoble du Ruisseau attire beaucoup de touristes, surtout de la mi-juin à la mi-octobre, dont des Québécois, mais aussi des Américains, car la frontière n'est pas loin. Des visiteurs du reste du monde viennent pour la cabane à sucre, dont les installations sont ouvertes toute l'année. Ils peuvent ensuite visiter le domaine.

Une seconde vidéo sur la vinification est présentée aux visiteurs s'ils optent pour un parcours plus long.

Quoi boire, quoi acheter

Procurez-vous les yeux fermés les chardonnays du Vignoble du Ruisseau. À l'origine, ils étaient élevés en fûts bourguignons et affichaient des notes de beurre, de craie, d'épices, d'ananas, de fumée et de citron confit. Depuis le millésime 2016, issu de vignes âgées de sept ans, le chardonnay générique est vinifié seulement en cuves d'acier inoxydable et se repose en bouteille pendant un an. Il déploie de délicates saveurs d'ananas, de citron, de fruits exotiques et une fraîcheur impressionnante.

Désormais, le chardonnay vinifié en fûts bourguignons s'appelle Signature. Le 2016 révèle des notes d'épices, de banane, de citron confit et offre une longueur en bouche plus que satisfaisante. Il peut se garder en cave pendant trois à cinq ans. Je le conseille en accompagnement de poissons blancs ou gras, comme la morue ou le saumon, et de fromages à pâte molle.

En rouge, le pinot noir est un vin de climat frais, qui distille des arômes de cerise noire, de framboise, de poivre rose, de bleuets et de thé rouge, le tout se déployant sur une trame très acide et très tannique. J'estime qu'il s'agit d'un vin gastronomique, qui aurait sa place dans les restaurants haut de gamme.

Vignoble Gagliano

vignoblegagliano.com

1046, rue Bruce (Route 202)
Dunham (Québec) J0E 1M0

Alfonso Gagliano, copropriétaire.

« On voulait prouver qu'on pouvait faire du bon vin rouge au Québec », lance d'emblée Alfonso Gagliano, copropriétaire, avec sa conjointe et son fils, du domaine homonyme d'une superficie de 35 hectares, dont 16 consacrés aux vignes.

Le vigneron estime que la mauvaise réputation du vin rouge québécois provient du manque d'élevage en barriques, qui apporte complexité et rondeur au vin. Il a ainsi beaucoup investi en barils de chêne américains et français, usagés dans ce dernier cas.

« Mon objectif, ce n'est pas de copier les Italiens et les Français. Je veux faire un bon vin québécois. Il faut qu'il soit différent. » Les cépages frontenac, petite perle et sabrevois cultivés au domaine situé à Dunham prennent ainsi du corps et de la complexité, comme vous pourrez le constater à la fin de ce portrait.

Des 16 hectares du vignoble qui sont consacrés à la viticulture, 10 sont en production, le reste étant en développement pour de nouvelles plantations, dont du pinot noir prévu pour le millésime 2019.

Depuis 2016, le Vignoble Gagliano vendange mécaniquement sa production. Il est un des rares au Québec à avoir renoncé à l'image idyllique du vigneron qui cueille amoureusement ses raisins à la main. Puisqu'il croit beaucoup à la technologie, M. Gagliano a entièrement informatisé la chaîne de production.

Malgré son côté moins bucolique, il croit à la mécanisation des vendanges, car selon lui, elle améliore la qualité du produit fini : « Il n'y a pas d'attente entre le champ et le chai, pas de temps de transport. En une heure et demie, la fermentation part. » Ainsi, il ajoute moins de soufre dans ses bouteilles, puisque l'air n'a pas commencé à oxyder les raisins, qui entrent plus rapidement dans les cuves de fermentation.

De plus, grâce à cette méthode, le travail de 30 personnes est accompli par une seule, mais malgré cela, le vignoble n'a réalisé aucune mise à pied. D'avril à décembre, les sept employés à temps plein sont fort occupés, en plus des 25 personnes qui viennent leur prêter main-forte durant les vendanges automnales.

D'ici 2020, Alfonso Gagliano projette d'ailleurs de doubler la production, grâce à 25 000 nouveaux plants qui offriront leurs fruits. En conséquence, il devra réorganiser le chai et acheter une autre cuve de fermentation pour le vin blanc.

Mais comment Alfonso Gagliano est-il devenu vigneron après sa carrière politique (sous le gouvernement libéral fédéral de Jean Chrétien)? Grand collectionneur qui sait apprécier les subtilités du vin, ce passionné a quitté le confort de sa retraite sous l'impulsion de son fils, qui l'a convaincu, en 2004, de se joindre à lui pour acheter un vignoble.

Pour Alfonso Gagliano, le vin au Québec représente « des défis énormes. Il faut donc avoir la passion, sinon vous ne durerez pas longtemps. »

Quoi boire, quoi acheter

En plus des succursales de la SAQ, la production se trouve dans certaines épiceries Métro et IGA.

Parmi les blancs, je vous propose le Levante blanc 2016, un assemblage de vidal, de seyval et de frontenac blanc qui donne des saveurs de poire, de poivre gris et de pêche blanche. Il sera très agréable avec les fruits de mer et des fromages à pâte molle.

Le rosé Romanza, un assemblage de pionnier et de sabrevois est léger, quoique franc en bouche. Il goûte le pamplemousse rose, les petits fruits des champs et la cerise. Parfait pour l'apéro, le poulet et les poissons légers.

En rouge, le Barricato contient les cépages frontenac, petites perles et sabrevois et est élevé en fûts de chêne américains et français. Il développe des arômes de cassis, de mûre, de prune et de café froid, le tout accompagné de tannins légers. À déguster avec les viandes blanches et rouges, la pizza et les pâtes.

Le Trinita est un vin de vendange tardive puisque le frontenac noir est récolté à la mi-novembre. Contenant 10 grammes de sucre par litre, il exhale la menthe, les fruits des champs, les mûres et la liqueur de cassis. C'est un excellent vin, léger et structuré en même temps.

Le Portofino est quant à lui un vin fortifié ; les cépages frontenac, sabrevois et pionnier sont mutés avec un alcool de grain ce qui donne un produit à 18 % d'alcool par volume. Comme c'est souvent le cas avec les vins mutés, vous aurez affaire à des saveurs de pruneaux, de café, de chocolat au lait, de sucre et de caramel. Un vin étonnamment tannique qui sera parfait avec le chocolat noir, les fromages corsés et les cigares.

Les vins de glace du Vignoble Gagliano sont à recommander. Le Vin de glace blanc, un 100 % frontenac gris, courtise la mandarine, l'abricot, le sucre, le miel et est doté d'une belle texture. Il serait délectable avec la crème brûlée, le tiramisu et le foie gras. Le Vin de glace rouge, constitué exclusivement de frontenac noir, est gorgé de pruneaux, de chocolat, d'orange amère, de noisettes et de café, en plus de révéler une forte acidité et des tannins nombreux. À consommer avec le tiramisu, le gâteau au chocolat, les crêpes ou seul, pour terminer une soirée en beauté.

Vignoble La Bauge

labauge.com

155, avenue des Érables
Brigham (Québec) J2K 4E1

Simon Naud, copropriétaire.

« Les affaires vont bien. L'industrie a le vent dans les voiles. Elle a atteint un autre niveau, tant en ce qui concerne la qualité que l'originalité. On vit de belles années », résume d'entrée de jeu Simon Naud, copropriétaire du Vignoble La Bauge.

À 46 ans, fort d'une expérience viticole de 30 ans, ce vigneron se dit content de l'entrée en vigueur de l'Indication géographique protégée (IGP) vin du Québec. Depuis le millésime 2018, ce sceau de qualité certifie que les vins sur lesquels il est apposé sont issus de raisins cultivés au Québec, selon un principe comparable à celui de l'Appellation d'origine protégée européenne. Selon Simon Naud, la prochaine étape pour l'IGP sera d'inclure les sous-régions du Québec afin de définir l'identité des terroirs de la province.

Tous les vins du Vignoble La Bauge portent cette mention, sauf les vins fortifiés puisqu'ils contiennent des agrumes, un produit étranger. Même si la première année a comporté son lot d'embûches en raison des exigences du cahier des charges, dont Simon Naud n'avait pas l'habitude, l'IGP est maintenant bien implantée au domaine. « C'est positif pour la notoriété d'un vignoble et ça structure l'industrie », se réjouit le vigneron.

Une double fonction : vignoble et ferme d'élevage

Avant de devenir un vignoble en 1986, La Bauge était une ferme familiale spécialisée dans l'élevage de sangliers. Fondée 10 ans plus tôt par Robert Naud, le frère aîné de Simon, la propriété conserve aujourd'hui encore cette vocation fermière. La plantation de vignes est l'œuvre des parents des deux hommes, Alcide et Ghislaine.

© Vignoble La Bauge

Dès le départ, les opérations du vignoble ont été axées sur l'agrotourisme, afin de lier les aliments tirés de la ferme (notamment des terrines et des charcuteries de sanglier) aux vins produits sur place.

À 24 ans, avant le décès de son père, en 1998, et celui de son frère, en 2002, Simon Naud a pris la relève du domaine. Il en a toujours conservé les deux volets, soit l'élevage de sangliers et le vignoble.

En plus du propriétaire, deux employés à temps plein travaillent dans les champs du domaine. Sept autres personnes s'y trouvent à temps complet, dont quatre à l'accueil et trois à la gestion des mariages. Finalement, quatre commis à temps partiel organisent les dégustations des produits de la propriété dans les épiceries.

La transition vers la culture biologique

Depuis trois ans, le Vignoble La Bauge effectue une transition vers la culture biologique des raisins. Pourquoi ? « Pour avoir la conscience tranquille envers l'environnement en améliorant notre empreinte écologique et par défi personnel, après 30 ans à travailler la vigne. Afin, aussi, d'installer nos plants dans des conditions gagnantes, de ne pas avoir à mettre un *plaster* [les produits chimiques] sur les problèmes de la vigne », répond Simon Naud. L'année 2019 sera donc celle du premier millésime certifié Ecocert.

En plus des huit hectares de vignes qu'il continue de traiter chimiquement, Simon Naud a ajouté deux hectares réservés à la culture biologique. C'est là qu'il réalise ses essais. Lorsque le résultat est satisfaisant, il transfère les plants (et leur recette bio !) dans le vignoble principal.

Dans le but d'embrasser pleinement la culture biologique et de fusionner davantage le vignoble et la ferme d'élevage, le vigneron se procurera de nouveaux animaux qui auront un mandat bien particulier : des vaches et des moutons brouteront l'herbe entre les rangs de vignes, des canards mangeront les larves au sol et des hirondelles régleront leur compte aux insectes qui s'attaquent aux raisins. « J'essaie de créer un écosystème où les éléments vont s'entraider », explique-t-il.

Un vigneron impliqué

La recherche en viticulture a toujours fasciné Simon Naud. À 26 ans, il a cofondé le Club de recherche et développement en vitiviniculture du Québec. Deux ans plus tard, le club est devenu le comité de recherche du Conseil des vins du Québec (CVQ). Ce comité est à l'origine de plusieurs initiatives dans le monde du vin au Québec, notamment l'importation de cépages résistants au froid, comme le frontenac, le marquette et le louise-swenson.

Très impliqué dans le milieu, Simon Naud a siégé au conseil d'administration du CVQ pendant 20 ans et en était le vice-président jusqu'à tout récemment. Il a quitté son poste afin de prendre du recul par rapport à l'association, après tout ce temps passé en son sein, et pour s'occuper davantage de ses enfants.

Quoi boire, quoi acheter

Depuis quelques années, Simon Naud a divisé ses vins en deux familles : une gamme est en vente en épicerie et une autre à la SAQ. Pour la description des produits vendus en SAQ, lisez les fiches produits présentées dans la deuxième partie de ce guide.

Parmi les vins vendus sur place, je vous conseille le blanc sec Fraîche-Heure aux arômes d'agrumes (citron et pamplemousse) et à la vive acidité. Il tiendra tête aux coquillages et aux fruits de mer servis dans leur plus simple expression.

L'Équinøx est un blanc sec constitué de frontenac blanc et gris et de vidal vinifié en cuves d'acier inoxydable. Ses saveurs de pomme et de poire, alliées à une vive acidité, en font le compagnon parfait des poissons grillés.

Le blanc sec Sølyter, un assemblage de frontenac gris et blanc et de seyval blanc, est plus rond, puisqu'il a séjourné en fûts de chêne usagés pendant six mois. Vous y décèlerez des accents d'ananas, d'épices et de vanille. Idéal avec du poulet grillé!

En rouge, le Rassemble-Heure est très aromatique, avec des arômes de mûres et de framboises très présents. Une pointe végétale de tomate et de poivron vert, une finale légèrement tannique et une vive acidité font de ce vin un accompagnement gagnant pour les pâtes à la sauce tomate, les boulettes de viande et la bruschetta.

LAURENTIDES

Négondos vignoble biologique

www.negondos.com

7100, rang St-Vincent
Mirabel (Québec) J7N 3N1

Mario Plante et Carole Desrochers, propriétaires.

Convaincus par l'agriculture biologique, Carole Desrochers et Mario Plante ont fondé le vignoble Négondos en 1993 et l'ont ouvert en 1997. Plus de vingt ans plus tard, les résultats sont probants et admirables, les vins de ce domaine des Laurentides étant souvent en rupture de stock. Ils sont d'ailleurs forts populaires dans les restaurants et bistrots du Grand Montréal, notamment le vin orange Julep, qu'on s'arrache dès sa sortie du chai.

D'ailleurs, quelle est l'origine du nom « Négondos » ? C'est le vrai nom de l'érable à Giguère, *acer negundo*, une variété indigène d'arbre d'ici : « On trouvait que ça faisait exotique », explique Mario Plante.

Carole Desrochers et Mario Plante œuvrent tous les deux au domaine, elle dans le champ et lui dans la cave. Ils font en plus appel à une stagiaire, qui leur donne un coup de main, surtout dans le traitement des vignes.

Le chai est attenant à la boutique. Il n'est pas très grand et ne remportera aucun concours de design de l'industrie viticole. Bref, il est fonctionnel. « C'est un petit chai fonctionnel qui nous permet de travailler en faisant nos vins de façon artisanale », raconte Mario Plante. Au début de leur carrière de vignerons, le couple suivait à la lettre les démarches de vinification et de viticulture des livres de référence en la matière. Plus maintenant, car ils sautent des étapes et adaptent les méthodes trouvées dans la littérature à leur façon. Cela leur permet de réduire les interventions dans l'élaboration du vin.

De plus, le domaine occupe trois hectares de vignes, toutes cultivées en mode biologique. Le couple de vignerons applique cette rigueur biologique, car il croit fermement que la qualité du travail dans le champ détermine celle du produit en bouteille.

Bien choisir ses vignes

Depuis quelques années au Québec, certains vignerons arrachent leurs vignes rustiques ou hybrides pour les remplacer par des *vitis vinifera* (chardonnay, pinot noir, gamay, etc.). Pour sa part, Mario Plante n'adhère pas à ce virage et il abhorre l'utilisation des toiles géotextiles pour protéger les plants l'hiver, parce qu'elles sont polluantes et fabriquées à partir de pétrole.

Le vidal, cépage hybride blanc très planté au Québec, ne fait pas partie de ses préférences non plus. Effectivement, en mode de culture biologique, cette variété est souvent touchée par diverses maladies de la vigne.

Mario Plante apprécie toutefois les cépages hybrides maréchal foch et seyval. Le premier donne des productions stables et des vins intéressants, avec des acidités raisonnables. Le second, une fois bien mûr, développe quant à lui des arômes de café torréfié.

En somme, Carole Desrochers et Mario Plante produisent des vins bios artisanaux et écologiques en composant avec les conditions météorologiques de leur coin de pays. Cela implique notamment de s'adapter à des journées plus chaudes et à des nuits plus fraîches que celles qu'on trouve dans d'autres régions.

Quoi boire, quoi acheter

La SAQ ne vend aucun des vins des Négondos. Ceux-ci sont uniquement en vente au domaine, en ligne, dans certaines épiceries et dans des bars et restaurants.

Le mousseux Noctambulles, constitué entièrement de seyval, dégage de délicates odeurs de fleurs blanches. Grand et fin, il rappelle les fruits blancs, la crème, la craie et les agrumes (citron et zeste de lime). Avec lui, votre apéro sera royal !

Légèrement perlant, l'Opalinois est un vin naturel de seyval. Le citron, la pomme verte et quelques arômes fermentaires baignent dans une trame nette et fraîche. Il brillera avec un homard à l'orange.

Le blanc St-Vincent, un assemblage de cayuga et de geisenheim, est un vin droit, frais et digeste, de style nature (avec quelques arômes de fermentation). Des saveurs de fleurs et d'érable s'entremêlent dans une texture grasse. Les quiches et les omelettes seront les bienvenues à ses côtés.

Fermenté en fûts de chêne usagés, le vin blanc Orélie (un mélange de cépages seyval et chambaudière) développe, grâce à l'apport du bois, du gras et des arômes de fruits blancs. Il est rond, net et il dégage d'agréables herbes vertes et même, surprise, de légers tannins. Amenez le poulet et la volaille à la crème !

Le rouge Chesnaie, un assemblage de marquette et de maréchal foch, est un fougueux animal qui goûte la cerise sauvage et la cerise des bois. Il est très acide, mais aussi pourvu de tannins légers et frais. Vive la viande fumée et les volailles grillées avec ce rouge !

Le vin orange Julep fait régulièrement l'objet de discussions et de commentaires passionnés sur les sites Internet spécialisés dans la bière. « C'est qu'il a quelque chose qui ressemble aux bières actuelles, mais il faut que tu le fasses vieillir pour obtenir ça. Parce que consommé dans son jeune temps, il reste davantage sur le fruit tropical et les agrumes, livrant donc un goût amer plus prononcé », explique Mario Plante. Tout le monde se l'arrache. Pour les besoins de ce guide, j'ai dû le goûter dans un bar à vin, puisqu'il n'y en avait plus au vignoble !

Vignoble de la Rivière du Chêne

www.vignoblerivièreduchene.ca

807, chemin de la Rivière Nord
Saint-Eustache (Québec)
J7R 0J5

Daniel Lalande, directeur.

Dirigé par Daniel Lalande, le Vignoble de la Rivière du Chêne, situé au nord-ouest de Montréal, à Saint-Eustache, a célébré ses 20 ans en 2018. Cette étape est survenue presque au même moment où le domaine a acquis des terres de 20,5 hectares à Oka. « J'ai toujours voulu m'installer à Oka, explique le vigneron. Après l'île d'Orléans, je pense que durant l'été, cet endroit de villégiature est le plus fréquenté au Québec. Le parc d'Oka voit passer de 800 000 à 1 million de visiteurs chaque été. »

Située à 15 kilomètres du Vignoble de la Rivière du Chêne, cette nouvelle installation est une ancienne ferme laitière, en coteaux et dans un climat complètement différent, beaucoup plus humide. Les raisins du vignoble d'Oka sont amenés à Saint-Eustache, où ils sont vinifiés. Fait intéressant : les vendangeuses mécaniques sont rares au Québec, où les vignobles sont plutôt petits, ce qui rend possibles les vendanges manuelles. Par contre, le domaine de la Rivière du Chêne en possède une, qui traite les champs des deux propriétés en alternance.

Les vignes de ce nouveau lopin produisent la gamme de vins La Cantina, dans laquelle on trouve un chardonnay, un pinot noir et un rosé. De la mi-mai au mois de septembre 2018, 11 500 bouteilles de ces trois cuvées se sont envolées, et ce, dans la première année de récolte des jeunes vignes.

Cette histoire de vigneron a commencé en 1998, lorsque Daniel Lalande, un ex-joueur de la Ligue de hockey junior majeur du Québec (LHJMQ), a lancé son vignoble à Saint-Eustache. Depuis leurs débuts, les lieux contiennent 16,5 hectares de vignes qui produisent en moyenne 110 tonnes de raisins. En plus, Daniel Lalande loue, depuis 2014, les terres de 3,5 hectares de l'ancien vignoble La Roche des brises, à Saint-Joseph-du-Lac. Les cépages sainte-croix, frontenac gris, frontenac noir et vidal y poussent. En tout, Lalande cultive donc près de 40 hectares de vignes. « Aujourd'hui, j'ai 20 ans d'expérience comme vigneron et je suis passionné comme jamais. Mon équipe et moi, on veut faire les plus beaux produits qui soient, année après année. »

Au total, le domaine cultive huit hectares de cépages *vitis vinifera* (chardonnay, pinot noir), mais Daniel Lalande reste un indéfectible défenseur et amoureux du vidal, que les traîtres gelées printanières n'affectent pas. Une fois vinifié, le vidal peut se décliner en blanc sec élevé, en mousseux, en vendange tardive et en vins de glace, qu'ils soient élevés en cuves d'acier inoxydable, en fûts de chêne ou en bouteille.

L'œnotourisme, c'est crucial

Dès la fondation du vignoble, Daniel Lalande a cru à l'œnotourisme. Dans cet esprit, il a donc fait construire des bâtiments chaleureux pour accueillir les visiteurs de passage dans la région des Basses-Laurentides.

Il connaissait ainsi quelque peu les désirs des clients, même si, il y a 20 ans, les vins québécois avaient peu la cote auprès d'eux. « Il faut être franc, honnête et vrai, dit-il. Je voulais me démarquer, comme un gars fier qui a installé un vignoble sur les terres familiales (où coule le sirop d'érable). Aux débuts du vignoble, les clients venaient nous encourager. Aujourd'hui, ils viennent pour se faire plaisir. »

La boutique du vignoble est donc très vaste, de style contemporain. L'étage supérieur comprend une salle de réception disponible pour des événements de tous genres, du mariage aux réunions corporatives. De là, la vue sur le domaine est parfaitement bucolique.

Daniel Lalande emploie maintenant 12 personnes à temps plein et 9 autres à temps plein aussi, mais seulement 9 mois par an. Infatigable, il aimerait ouvrir une microbrasserie en 2020, avec des partenaires. Les projets ne manquent pas, chez lui !

Quoi boire, quoi acheter

Tous les vins du domaine sont en vente à la SAQ et dans certaines épiceries. Cependant, je vous conseille de rapporter dans votre besace le chardonnay et le pinot noir du vignoble d'Oka, dont l'approvisionnement à la SAQ n'est pas régulier.

Le chardonnay est étonnant et fort bien réussi pour un premier millésime. Les délicats arômes de pomme, un léger boisé, une faible amertume et des saveurs exotiques d'ananas sont vraiment bien intégrés. Il sera en bonne compagnie avec les quiches lorraines et au fromage.

Aussi un premier essai, le pinot noir est plutôt bien réussi. Attention, il n'a rien de bien compliqué : il est léger et il affiche une vivifiante palette de fruits rouges et de fruits séchés, ainsi qu'une acidité mesurée. Mais l'ensemble est tout à fait maîtrisé !

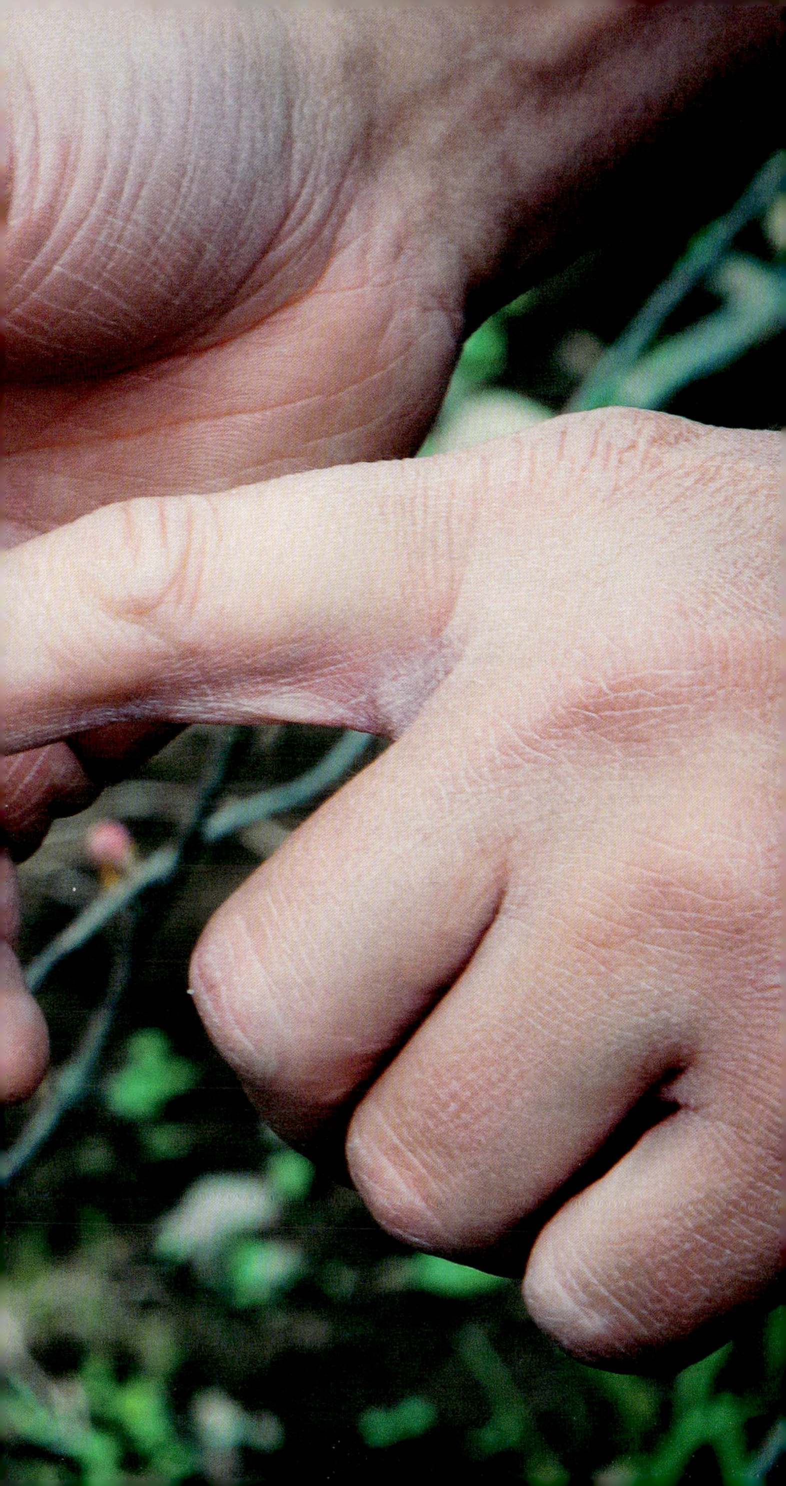

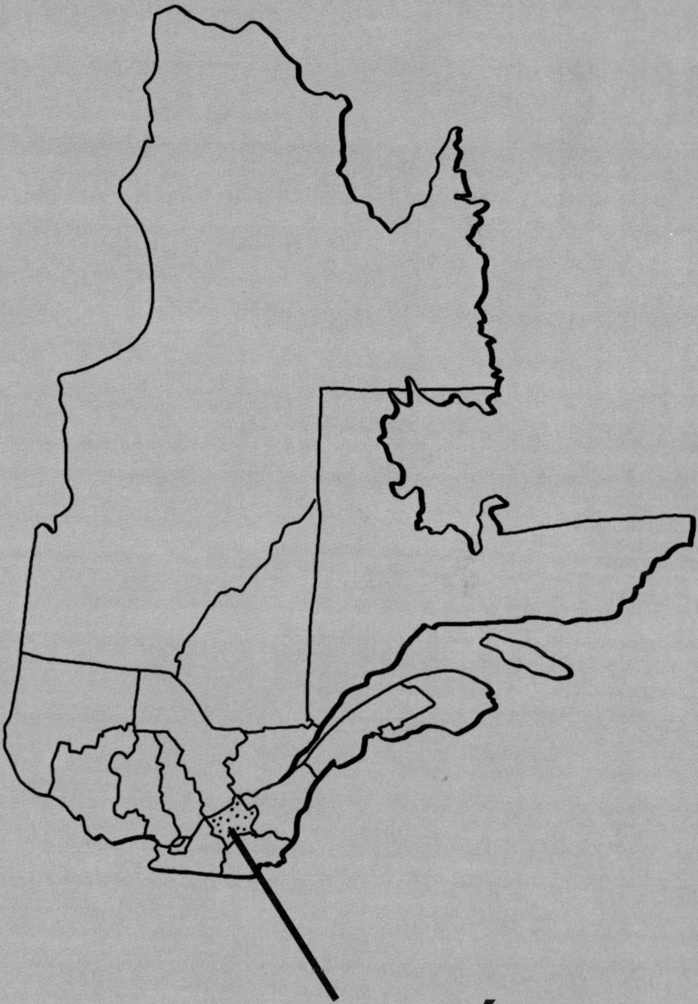

CENTRE DU QUÉBEC

Domaine des 3 fûts

www.3futs.com

980, rang Watkins
Drummondville (Québec)
J2B 6V2

Qui aurait pensé qu'un jour, des vignes pousseraient à Drummondville? C'est pourtant le cas depuis 2011 au Domaine des 3 fûts, la propriété de Richard Messier et de Jacinthe Morissette, le seul vignoble de ce coin du Centre-du-Québec.

Ces deux agronomes de formation ont embouteillé leur première production en 2014, tirée de leur vignoble de deux hectares plantés petit à petit de 2009 à 2012.

Auparavant, Richard Messier était copropriétaire d'une compagnie de logiciels d'agriculture et sa conjointe, Jacinthe Morissette, était administratrice dans diverses compagnies. Elle occupe d'ailleurs aujourd'hui cette fonction au vignoble. Le couple vit à Drummondville depuis plus de 30 ans, et dès l'achat de leur ferme en 2008, la production de vin est devenue un projet commun. À la fondation du vignoble en 2011, le projet s'est transformé en emploi à temps plein.

Des lectures et des constats sur le terrain ont convaincu le couple de mettre en pratique ses convictions en matière de culture biologique. Le domaine détient la certification de culture biologique depuis 2014. « Les poisons [produits de synthèse pour traiter la vigne contre les insectes indésirables et les intempéries] sont récents, ils sont là seulement depuis les années 50. La tendance du bio est mondiale, et elle est très forte en Europe », affirme Richard Messier avec assurance.

Mais comment est-il possible de faire pousser de la vigne au Centre du Québec ? Richard Messier assure que la région compte sur une aussi bonne quantité de chaleur que plusieurs parties de l'Estrie, le berceau de la viticulture québécoise. De plus, la vigne pousse dans un sol composé de couches surtout sableuses et très calcaires, ce qui assure un très bon drainage et confère de la minéralité aux vins.

Richard Messier ne travaille qu'avec des vignes hybrides rustiques et il ne prévoit pas planter de *vitis vinifera*. « Si on veut créer un goût québécois, il ne faut pas planter la même chose que les autres », croit-il. « On a un climat froid, donc il faut en tenir compte ». Il fait remarquer que même en Europe, certains vignerons considèrent les vignobles hybrides pour leur culture biologique. Pour lui, le cépage qui sied le mieux au climat québécois froid est donc hybride. À son vignoble de Drummondville, doté de sols sableux et calcaires, le frontenac gris est parfait pour les vins blancs et rosés, tandis que le marquette se porte bien en rouge.

À l'avenir, Richard Messier compte amener le vignoble à maturité tout en continuant à respecter la nature. Il souhaite par conséquent limiter sa production à un total annuel de bouteilles se situant entre 9 000 et 10 000.

Le vigneron a 60 ans, mais ses enfants ne sont pas intéressés à prendre sa relève au domaine. Sa conjointe et lui le revendront à une personne extérieure à la famille le moment venu.

Quoi boire, quoi acheter

Grâce à la popularité des vins biologiques dans certaines boutiques, les vins du domaine se vendent bien. La faible production totale ne permet malheureusement pas encore la vente à la SAQ. Vous les trouverez donc sur place et dans quelques épiceries au Québec.

Je vous conseille assurément le blanc de la Cuvée des messieurs, qui est tout en délicatesse avec ses arômes d'ananas et de pêche. C'est un vin léger qui sied bien à l'apéritif.

Le rosé de la Cuvée des messieurs déborde quant à lui de cerise très mûre, de fraise et d'herbes vertes. Cette cuvée est un peu trop acide, donc appariez-la avec des entrées composées de tomates ou des salades.

4D
13

LANAUDIÈRE

Carone

www.carone.ca

75, rue Roy
Lanoraie (Québec) J0K 1E0

Anthony Carone, cofondateur et copropriétaire.

Anthony Carone a fondé le vignoble qui porte son nom en 1995 avec ses parents. En 2005, il a mis sur le marché ses premières cuvées, tirées du millésime de l'année précédente. Le vignoble Carone occupe une superficie de six hectares et son propriétaire n'a aucune intention de l'agrandir, malgré les occasions qui se présentent à lui.

La moitié du vignoble est plantée de *vitis vinifera* (chardonnay, riesling, pinot auxerrois, pinot noir, sangiovese). De cette famille de cépages, le nebbiolo est celui qui cause le plus de difficultés et Anthony Carone pense le remplacer par des cépages blancs, qu'il utilisera pour la distillation. Toutefois, avant d'arracher ces plants, il essaiera de les protéger l'hiver prochain avec des toiles géotextiles au lieu de les butter, comme il le fait avec les autres cépages. Deux ventilateurs veillent d'ailleurs à protéger les vignes contre le gel automnal ou printanier, qui touche bien des cultures au Québec.

Avec sa salle de dégustation complètement réaménagée et son chapiteau pouvant accueillir de 15 à 20 personnes à la fois, le domaine constitue la destination parfaite pour des visites en petits groupes ou pour l'organisation d'événements intimes.

Une distribution difficile

Bon an mal an, le vignoble produit près de 35 000 bouteilles, qu'Anthony Carone écoulait auparavant sur le marché en une seule opération. Depuis quelques années, il a modifié son approche en réalisant des embouteillages par lots d'environ 1000 bouteilles et en mettant ceux-ci sur le marché un à la fois. Cette approche plus flexible lui permet de mieux répondre aux demandes des épiceries, en conservant la même production totale. Les bouteilles du domaine ont donc un peu déserté les tablettes de la SAQ, au profit de celles de plusieurs épiceries.

© Jimmy Vigneux

Anthony Carone déplore le fait que les subventions gouvernementales accordées aux vignerons québécois visent davantage le nombre de bouteilles vendues à la SAQ que la production en tant que telle. En effet, près de 3$ lui sont versés pour chaque bouteille vendue à la SAQ. M. Carone souhaiterait plutôt obtenir un soutien financier pour aider à payer les salaires du personnel et assurer la plantation de la vigne.

La vente en épicerie a profité à beaucoup de vignerons, qui voient grâce à elle leurs bouteilles rejoindre une plus grande clientèle, mais Anthony Carone aimerait que la loi 88 (Loi sur le développement de l'industrie des boissons alcooliques artisanales) permette à une tierce partie de s'occuper de la distribution dans les marchés d'alimentation. Dans sa forme actuelle, la loi prévoit en effet que seuls les propriétaires des domaines ou leurs employés sont autorisés à distribuer la production aux épiceries, et ce, uniquement dans un rayon de 100 km autour du vignoble. Il faut donc avoir les effectifs nécessaires pour parvenir à livrer ses bouteilles en épicerie.

Le vigneron explique qu'il est néanmoins satisfait de la situation actuelle de son vignoble, qu'il dirige avec sa conjointe, Sarah Hoodspith. « Nous avons fait tous les investissements que nous voulions pour que les opérations du vignoble se déroulent bien, même s'il est possible de continuellement investir dans une telle entreprise. Je suis moins stressé, parce nous sommes retournés à notre essence première : la production de petits lots, ce qui nous permet de faire les vins que j'aime et de choisir de travailler selon le modèle de distribution de la SAQ ou non. Dans le passé [avant 2016 et la loi 88], travailler avec la SAQ était obligatoire pour atteindre la rentabilité. Maintenant, nous avons le choix. Je ne cours plus après la SAQ. »

Quoi boire, quoi acheter

En plus d'être vendus dans des épiceries et quelques succursales de la SAQ, les vins Carone sont en vente en ligne, dans les provinces du Canada qui permettent le commerce interprovincial du vin. Des alcools distillés peuvent aussi être achetés sur place depuis l'été 2019.

Le blanc Bin 33 est délicat et dégage des effluves de fruits blancs, ce qui se confirme en bouche, avec la poire bien mise en évidence. Suivent des saveurs d'ananas, de citron et de craie, pour un assemblage digeste et très agréable, surtout en ce qui concerne le millésime 2018. À essayer avec des huîtres au beurre ou à la façon Rockefeller (nappées d'une sauce hollandaise et d'épinards, le tout gratiné au four).

En rouge, le vin nature Apex pinot noir contient 22 g de soufre au total, dont 10 g sont ajoutés à l'embouteillage, précise Anthony Carone. Ainsi, les premières gouttes de ce vin dévoilent un caractère d'humus, de thé et d'amertume de légumes encore verts. Ses tannins sont jeunes et on y décèle aussi des saveurs de cerise. Ce vin droit aura besoin d'un passage de 15 à 30 minutes en carafe pour se dévoiler sous son plus beau jour. Je le conseille avec des charcuteries, des pâtés et du boudin blanc aux pommes.

Le Cabernet severnyi, un rouge lui aussi, goûte le café, le chocolat, le cassis, la feuille de tomate, la framboise et la verdure. C'est un vin très tannique et très acide, mais ses tannins, qui proviennent davantage des fruits que de l'élevage en fûts de chêne, sont agréables. À boire en accompagnement de viandes mijotées en sauce.

Le choix des produits à présenter dans ce guide a été fait en toute indépendance de la SAQ et du Conseil des vins du Québec (CVQ). Il en est de même pour l'évaluation des vins, qui a été effectuée selon le vocabulaire établi par l'Université du vin – Suze-la-Rousse[1]. Chaque produit est donc analysé selon sa couleur, son odeur et son goût. La notation, la plus objective possible selon ces trois critères, s'établit comme suit :

* → **bon**

** → **très bon**

*** → **excellent**

1. Pour de plus amples informations, veuillez consulter le site web de l'Université du vin : <www.universite-du-vin.com>.

GUIDE DE DEGUSTATION

Les prix indiqués sont ceux en vigueur à la SAQ à l'impression de cet ouvrage, en juillet 2019.

VINS DU QUÉBEC

MOUSSEUX

Charles Meunier Brutus

Code SAQ : 83329

Taux d'alcool : 9 %

Sucre (g/L) : 49

Note : *

Cépage : Muscat, chenin

12,30 $

La SAQ classe ce produit parmi les vins mousseux, mais à mon sens, il rappelle davantage les boissons de type *cooler*. En début de bouche, on détecte du sucre artificiel et une touche de pêche et de miel. L'acidité est plutôt réduite, laissant ainsi libre champ au sucre. Pourrait convenir à ceux et celles qui désirent s'éloigner des vins mousseux conventionnels.

MOUSSEUX

Château de Cartes Mousseux rosé 2016

Code SAQ : 12357453

Taux d'alcool : 12,5 %

Sucre (g/L) : 8,7

Note : **

Cépages : Sainte-croix 60, radisson 40

29,10 $

Un vin mousseux rosé légèrement sucré et doté d'une belle finesse, impartie par des saveurs franches de fraise et de liqueur de cerise. Parfait pour l'apéro.

MOUSSEUX

Coteau Rougemont Bulles Versant Blanc

Code SAQ : 13258297

Taux d'alcool : 13 %

Sucre (g/L) : 8,8

Note : **

Cépage : Frontenac gris

18,95 $

Ces bulles sont à point pour l'apéritif tant elles sont fraîches et elles offrent des saveurs de pomme et de pamplemousse. L'acidité de ce mousseux est mesurée, donc il satisfera les palais sensibles moins friands de ce type de caractéristiques. À consommer à l'apéritif.

MOUSSEUX

Domaine de Lavoie Mousseux 2017

Code SAQ : 12358237

Taux d'alcool : 13 %

Sucre (g/L) : 27

Note : **

Cépages : Vidal 38, eona 33, cayuga 27, geisenheim 2

16,95 $

Un mousseux équilibré grâce à une vive acidité et à une bonne dose de sucre. Ses bulles sont fines, sa texture est crémeuse et il déploie des arômes d'ananas et de fruits tropicaux. Longue finale. À moins de 17 $, il s'agit d'une véritable aubaine, parfait pour des apéritifs en grand groupe.

MOUSSEUX

Domaine de Lavoie Mousseux rosé 2016

Code SAQ : 12358245

Taux d'alcool : 13,2 %

Sucre (g/L) : 32

Note : **

Cépages : Frontenac gris, eona, sainte-croix

16,95 $

Ce mousseux rosé affiche une palette aromatique de fruits confits, de marmelade, de fraise et de cassis. Des saveurs de framboise, de ronce, de sucre et de confiture s'affichent en finale. Calmez l'ardeur de son fruit avec des entrées de fruits de mer.

MOUSSEUX

Vignoble Gagliano Donna Livia Mousseux 2016

Code SAQ : 11633129

Taux d'alcool : 12,5 %

Sucre (g/L) : 24,3

Note : *

Cépage : Pionnier, sabrevois, frontenac gris

24,10 $

Voici le mousseux dans sa plus simple expression, qui offre des saveurs de pêche, de pomme rouge et de sucre. Essayez-le avec un tartare de saumon.

MOUSSEUX

Vignoble Gagliano Donna Livia Mousseux rosé 2016

Code SAQ : 11633073

Taux d'alcool : 12 %

Sucre (g/L) : 37,4

Note : **

Cépage : Frontenac

25,15 $

La framboise et la cerise bien sucrée frappent en premier lieu les papilles. En second lieu, une perception acide menée par le pamplemousse donne de l'énergie à ce mousseux rosé. Il sera très agréable avec une bûche de Noël.

MOUSSEUX

Domaine du Ridge Berthelot-Paradis

Code SAQ : 12756411

Taux d'alcool : 12,5 %

Sucre (g/L) : 1,6

Note : ***

Cépage : Seyval noir

31,60 $

Le Domaine du Ridge fait réellement partie des vignobles de premier plan au Québec. Le seyval noir de ce vin mousseux rosé libère des notes de pain d'épices et de fruits rouges, dont la fraise. Aérien, sec et disposant de bulles fines, il laisse en fin de bouche une légère impression de fraise sucrée. Malgré son prix un peu élevé, il constitue un véritable coup de cœur qui impressionnera vos convives à l'apéritif.

ROSÉ

La Cantina Vallée d'Oka Le Rosé du Calvaire 2017

Code SAQ : 13835648

Taux d'alcool : 12 %

Sucre (g/L) : 3,6

Note : **

Cépages : Pinot noir, chardonnay

19,95 $

Rose orangé, ce vin dévoile d'élégantes saveurs de cerise acidulée, de rhubarbe et, en fin de bouche, de fruits rouges sucrés. Le deuxième millésime de ce vignoble planté en 2015 et en 2016 est une réussite qui sera à son meilleur avec de la truite ou des crevettes grillées accompagnées d'une salsa à la coriandre, à la mangue et au poivron rouge.

ROSÉ

Domaine Bergeville Le Rosé Brut

Code SAQ : 13374597

Taux d'alcool : 12 %

Sucre (g/L) : 7,2

Note : *

Cépages : Sabrevois, frontenac gris

27,85 $

Un mousseux rosé intéressant, de culture biologique, où les petits fruits rouges acidulés (cerise, canneberge) dominent. La fraise franche et la groseille mûre arrivent ensuite, mais de manière plus discrète. L'ensemble est très mûr, vineux et équilibré. Je vous le conseille avec des entrées végétariennes et des mousses de fruits de mer.

ROSÉ

Domaine Le Grand Saint-Charles Duo de Frontenac 2017

Code SAQ : 13612719

Taux d'alcool : 12,5 %

Sucre (g/L) : 3,3

Note : ***

Cépages : Frontenac gris, frontenac

15,45 $

Fraise • Tomate • Herbes aromatiques

Coup de coeur

Ce très bon rosé, dont les raisins proviennent du sol québécois, est rempli de fraise, de rose, de cerise, de tomate et d'herbes aromatiques. Il fait saliver! Succès assuré avec les sashimis et les tatakis de thon.

ROSÉ

Domaine du Ridge Champs de Florence 2017

Code SAQ : 741702

Taux d'alcool : 12 %

Sucre (g/L) : 1,9

Note : **

Cépage : Seyval noir

14,55 $

Un rosé à boire avec des mets simples comme des sandwichs au poulet ou des salades, particulièrement une de tataki de thon et d'agrumes. Vous pouvez le garder en cave, mais pas plus de trois ans.

ROSÉ

Domaine St-Jacques Rosé 2018

Code SAQ : 11427544

Taux d'alcool : 12,5 %

Sucre (g/L) : 2,5

Note : **

Cépages : Lucie-kuhlmann, maréchal foch

15,45 $

Un rosé bien fruité, droit et complété par des saveurs d'herbes. Il s'agit d'une valeur sûre, car il déborde de fruits croquants (fraise, cerise) tout en étant délicat. Compagnon tout indiqué pour les salades estivales.

ROSÉ

Les Entreprises Carone SENC
Carone Bin 33 2014

Code SAQ : 12564006

Taux d'alcool : 12 %

Sucre (g/L) : 3,8

Note : **

Cépages : Frontenac

17,30 $

Le vignoble Carone propose un rosé débordant de framboise, de fraise et de cerise. Il est frais, simple, très satisfaisant et désaltérant et son acidité est moyenne. Appariez-le avec des tortillas de fruits de mer.

ROSÉ

Vignoble Rivière du Chêne
Le Rosé Gabrielle 2018

Code SAQ : 10817090

Taux d'alcool : 12 %

Sucre (g/L) : 4

Note : **

Cépages : Seyval noir, vidal, frontenac gris, triomphe d'Alsace, lucie-kuhlmann

15,25 $

Les saveurs de petits fruits tels que la fraise et la cerise sont intenses, mais une trace de rhubarbe réussit à se faufiler dans ce vin à la vive acidité. Cette posture assurée fait en sorte qu'il est le parfait compagnon de la truite, de la pizza margarita, et de la salade de fruits de mer.

BLANC

La Cantina Vallée d'Oka Chardonnay 2018

Code SAQ : 13835841

Taux d'alcool : 13 %

Sucre (g/L) : 1,4

Note : **

Cépage : Chardonnay

23,95 $

En 2014, le vignoble Rivière du Chêne, s'est procuré des terres à Oka pour produire entre autres du chardonnay, dont ce deuxième millésime (2018). L'amertume de la pomme verte y fait place à une trame franche et plus mûre d'ananas et de citron, agrémentée d'une touche florale. Crevettes, salsa de mangues et lasagnes aux fruits de mer ou au poulet devraient bien s'y agencer.

Note : cette critique concerne l'édition 2018 de ce chardonnay, pas encore arrivé à la SAQ à l'écriture de ce livre. Cela ne saurait toutefois tarder!

BLANC

Le Chat Botté 2017

Code SAQ : 12442498

Taux d'alcool : 12,5 %

Sucre (g/L) : 1,3

Note : *

Cépages : Louise swenson, swenson blanc, frontenac gris, adalmiina

18,35 $

Les arômes de fruits blancs, dont la poire, caractérisent ce vin à l'acidité vertigineuse et à la texture fluide. Avec des fromages à pâte dure, tels que le cheddar vieilli, le comté et le gruyère de grotte, ses airs de jeunesse prendront instantanément un peu de maturité.

BLANC

Château de Cartes Saint-Pépin 2017

Code SAQ : 13106912

Taux d'alcool : 12,5 %

Sucre (g/L) : 1,2

Note : **

Cépage : St-pépin

22,60 $

Un vin blanc long en bouche avec du gras et des saveurs de pomme jaune, d'épices et de beurre. Appariez-le justement avec des crevettes et des pétoncles sautés au beurre.

BLANC

Le Château de la Grange Le Chant des Vignes 2014

Code SAQ : 13530289

Taux d'alcool : 12 %

Sucre (g/L) : 1,2

Note : **

Cépages : St-pépin, frontenac blanc, louise swenson

15,60 $

Cet assemblage donne des saveurs de fruits blancs, de pépins de pamplemousse et de pierre blanche, ainsi qu'une subtile trace d'amertume. Il devrait être parfait avec des acras de morue.

BLANC

Coteau Rougemont Chardonnay La Côte 2016

Code SAQ : 13612532

Taux d'alcool : 13 %

Sucre (g/L) : 1,2

Note : *

Cépage : Chardonnay

23,95 $

Tirés d'un coteau exposé plein sud, les chardonnays de cette cuvée demeurent fermés sur eux-mêmes, donc jeunes. L'interaction entre le bois, les épices, la lime et le citron n'est pas encore complète. Laissez-le vieillir deux ou trois ans avant de le servir avec des fruits de mer, surtout des moules.

BLANC

Coteau Rougemont La Plage Chardonnay 2017

Code SAQ : 13730310

Taux d'alcool : 13 %

Sucre (g/L) : 3,8

Note : **

Cépage : Chardonnay

19,95 $

Le chardonnay tiré du Vignoble La Plage est simple et savoureux grâce à sa texture laineuse et à ses saveurs de citron. J'estime sa longueur en bouche un peu courte, mais il est un sérieux candidat à l'apéritif, en plus de bien se défendre auprès de crudités.

BLANC

Coteau Rougemont St-Pépin Réserve 2016

Code SAQ : 13612786

Taux d'alcool : 12,5 %

Sucre (g/L) : 2,1

Note : **

Cépage : St-pépin

21,95 $

Le st-pépin cultivé au Québec donne des résultats probants en bouteille. Celui du Coteau Rougemont est droit et minéral. Des notes de pépins d'agrumes et de fruits jaunes en font le candidat idéal pour les fromages, à pâte molle ou dure, en fin de repas.

BLANC

Coteau Rougemont Vidal Réserve 2016

Code SAQ : 12862951

Taux d'alcool : 12,5 %

Sucre (g/L) : 1,2

Note : ***

Cépage : Vidal

22,65 $

Certes, le cépage vidal, en sol québécois, produit peu de vins complexes ou pour la garde. Vous en aurez toutefois pleinement pour votre argent avec celui-ci : épices, pomme jaune, fumée, sel, agrumes. Bref, c'est un vin rond et doté d'une belle acidité qui se boira bien avec des ceviches.

BLANC

Coteau Rougemont Versant Blanc 2017

Code SAQ : 11957051

Taux d'alcool : 13,5 %

Sucre (g/L) : 1,5

Note : *

Cépages : Vidal, frontenac blanc, frontenac gris, st-pépin

14,95 $

Un vin blanc peut-être un peu trop simple et unidimensionnel. Les saveurs de poire, de lime et de pamplemousse évoluent dans une trame acide un brin faible. Néanmoins, il s'en sortira bien avec des entrées de fromage cheddar doux et mi-fort.

BLANC

Domaine Les Brome Cuvée Charlotte 2017

Code SAQ : 11106661

Taux d'alcool : 13 %

Sucre (g/L) : 1,4

Note : **

Cépages : Seyval, geisenheim

16,75 $

Même s'il est simple d'approche, le vin blanc commercial du Domaine Les Brome s'avère droit et bien frais. Il en donne juste assez en bouche (citron, lime, herbes aromatiques) pour bien s'en sortir avec une variété de poissons, de fruits de mer et de salades de pâtes.

BLANC

Domaine Les Brome Vidal 2017

Code SAQ : 10522540

Taux d'alcool : 13 %

Sucre (g/L) : 4,8

Note : ***

Cépage : Vidal

17,50 $

J'ai beaucoup aimé ce vidal citronné à souhait, dégageant aussi des notes de lime et d'herbes fraîches. Je trouve que c'est un vin de soif qui fait saliver. Grâce à son acidité tranchante, il se mariera bien avec du poisson à la sauce aux agrumes et aux fines herbes.

BLANC

Domaine Le Grand Saint-Charles Frontenac Gris 2017

Code SAQ : 13612735

Taux d'alcool : 12,5 %

Sucre (g/L) : 3,3

Note : **

Cépage : Frontenac gris

15,45 $

Un vin d'une fraîcheur irréprochable qui déploie des arômes de goyave, de pêche et de poivre gris. Il se comporte à table de manière admirable avec les salades de chayotte, d'endives ou de fruits de mer.

BLANC

Domaine Le Grand Saint-Charles Vidal 2017

Code SAQ : 12564495

Taux d'alcool : 13 %

Sucre (g/L) : 1,2

Note : **

Cépage : Vidal

17,25 $

Grâce à une personnalité citrique où les herbes, la lime et le sel occupent aussi leur espace, ce vin droit est le candidat parfait pour côtoyer les huîtres et les coquillages apprêtés simplement.

BLANC

Domaine Labranche Vin Blanc 2017

Code SAQ : 12962573

Taux d'alcool : 12,5 %

Sucre (g/L) : 2,6

Note : **

Cépages : Frontenac, frontenac gris

16,95 $

Préparez les huîtres et les coquillages, car ce vin leur rendra admirablement justice. Il est léger, avec des accents citronnés et une vive acidité. Des notes fumées d'herbes fraîches coupées et de sel lui procurent des atouts supplémentaires pour l'alliance avec les produits de la mer.

BLANC

Domaine de Lavoie 2017

Code SAQ : 741231

Taux d'alcool : 12,5 %

Sucre (g/L) : 11

Note : **

Cépages : Vidal, cayuga, eona

14,95 $

Ayant un profil simple et agréable, ce vin blanc laisse une sensation crayeuse sur la langue. Il développe ensuite des saveurs de poire, d'ananas et une trame minérale. Vous avez affaire à un vin blanc assez classique tout indiqué pour divers plats de poissons blancs.

BLANC

Domaine de Lavoie Réserve 2016

Code SAQ : 13835576

Taux d'alcool : 12 %

Sucre (g/L) : 4

Note : **

Cépage : Vidal

18,60 $

Vinifié seul ici, le cépage vidal déploie tout son talent aromatique : citron intense, ananas, herbes aromatiques, minéralité en bouche. En prime, l'élevage en barrique est discret, ce qui permet au vin de s'allier à une variété de fruits de mer, tiens, pourquoi pas des bourgots du Québec ?

BLANC

Domaine du Ridge Le Stanbridge 2017

Code SAQ : 12962549

Taux d'alcool : 12 %

Sucre (g/L) : 1,4

Note : **

Cépages : Vidal

16,55 $

00827924037178

Un vin blanc délicat au boisé subtil qui offre de la pêche, du pain frais, de l'ananas et une légère touche d'amertume. Avec du tofu grillé aux épices, il brillera de tous ses feux.

BLANC

Domaine du Ridge Vent d'Ouest 2017

Code SAQ : 928523

Taux d'alcool : 11,5 %

Sucre (g/L) : 2,2

Note : ***

Cépage : Seyval

14,55 $

00827924037024

Ce vin n'a pas été élevé en fûts de chêne, mais plutôt en cuves d'acier inoxydable. Les saveurs franches de citron, de pamplemousse, de lime, d'herbes aromatiques et de gazon sont bien servies par une magnifique et vive acidité. Réservez-lui des huîtres, des coquillages et des bourgots.

BLANC

Domaine des Salamandres Vendange Tardive 2016

Code SAQ : 13835592

Taux d'alcool : 11 %

Sucre (g/L) : 150

Note : ***

Cépage : Vidal

28,80 $

Malgré son acidité encore un peu élevée, ce vin complexe nous en met plein la bouche avec des saveurs d'ananas, de poire, de pêche, de fruits exotiques, de miel et de cire d'abeille. Laissez-le en cave deux à trois ans avant de le déguster avec des fromages persillés et bien salés.

BLANC

Domaine St-Jacques Classique Blanc 2018

Code SAQ : 11506120

Taux d'alcool : 12,5 %

Sucre (g/L) : 2,5

Note : **

Cépages : Vidal, seyval

15,95 $

Un vin blanc frais au profil simple, rafraîchissant et citronné à souhait. Des fromages de chèvre et des cheddars doux et mi-forts seront ses amis.

BLANC

Domaine St-Jacques Pinot Gris 2017

Code SAQ : 12981301

Taux d'alcool : 13 %

Sucre (g/L) : 6,2

Note : ***

Cépage : Pinot gris

21,95 $

Épices • Fruits confits • Étonnant

Coup de coeur

Grâce à son abondance d'épices, de fruits confits et de piment, ce pinot gris est réellement étonnant. À boire avec des mets vietnamiens peu épicés et des fromages comme le havarti aux légumes ou même aux jalapeños.

BLANC

L'Orpailleur 2018

Code SAQ : 704221

Taux d'alcool : 11,5 %

Sucre (g/L) : 6,9

Note : **

Cépages : Vidal, seyval

15,95 $

Ce classique (disons-le) du répertoire des vins québécois en vente à la SAQ est très agréable, comme d'habitude. Fraîcheur, ananas et citron sont au rendez-vous pour un apéritif savoureux.

BLANC

Vignoble Gagliano Frontenac Gris 2017

Code SAQ : 11575731

Taux d'alcool : 13 %

Sucre (g/L) : 8,1

Note : **

Cépage : Frontenac gris

17,05 $

Vive la délicatesse engendrée par le frontenac gris! Pêche jaune, cire d'abeille, pelure d'abricot, poire, voici ce que vous trouverez en bouche avec ce vin qui sera idéal avec le homard et les poissons gras.

BLANC

Vignoble Rivière du Chêne Cuvée William 2018

Code SAQ : 744169

Taux d'alcool : 12 %

Sucre (g/L) : 5,7

Note : **

Cépages : Seyval blanc, frontenac blanc, vidal, acadie, vandal-cliche

15,25 $

La cuvée William, un des bons vins blancs du Québec, épate avec sa matière crayeuse, son zeste de pamplemousse et sa vive acidité. Il est encore jeune, donc peut-être qu'une année ou deux de repos lui feraient du bien. Sinon, buvez-le avec des salades de pâtes ou de fruits de mer.

BLANC

Vignoble de Ste-Petronille Voile de la Mariée 2016

Code SAQ : 733725

Taux d'alcool : 12 %

Sucre (g/L) : 2,1

Note : **

Cépages : Vandal-cliche, vidal, acadie, eona

16,00 $

Situé à l'île d'Orléans près de Québec, le Vignoble Ste-Pétronille offre ici un vin vif débordant d'herbes fraîches, de citron et d'agrumes. Cette fraîcheur et cette vivacité s'arriment à merveille aux huîtres.

ROUGE

La Cantina Vallée d'Oka Pinot Noir 2017

Code SAQ : 13952941

Taux d'alcool : 12,2 %

Sucre (g/L) : 2

Note : **

Cépage : Pinot noir

24,95 $

Ce premier pinot noir du vignoble d'Oka de la Rivière du chêne n'est certes pas parfait, mais il impressionne déjà avec ses saveurs délicates de cerise et de feuilles séchées, le tout entremêlé d'épices. Ce vin de plaisir sans prétention s'accordera sans problème au poulet et au canard grillés, ainsi qu'au rôti de porc.

ROUGE

Le Chat Botté 2017

Code SAQ : 12443597

Taux d'alcool : 13 %

Sucre (g/L) : 2,6

Note : **

Cépages : Frontenac, marquette, sabrebois, radisson

19,15 $

J'aime bien ce vin souple, sans prétention et moyennement tannique, qui satisfait le palais avec ses accents de cerise noire, de cassis et de cannelle. Les feuilletés de champignons et de courgettes, ainsi que les hamburgers, devraient apprécier sa compagnie.

ROUGE

Le Château de la Grange
Le Chant des Vignes 2013

Code SAQ : 12502868

Taux d'alcool : 13 %

Sucre (g/L) : 2,7

Note : **

20,40 $

Un vin rouge québécois peu typique, c'est-à-dire que les fruits n'y sont pas trop mûrs. La cerise noire, le cassis et le poivron vert s'y expriment dans leur plus simple expression. Ses tannins sont présents, mais sans excès, et l'acidité y est bien prononcée. Réservez pour ce vin une bonne viande blanche grillée.

ROUGE

Coteau Rougemont
Le Grand Coteau 2016

Code SAQ : 12358190

Taux d'alcool : 13,5 %

Sucre (g/L) : 2,2

Note : **

Cépages : Marquette, frontenac

23,60 $

Cette cuvée longuement vieillie vaut le coût qu'on s'y attarde. Cassis, poivron, cerise noire, épices, tabac noir broyé… On a affaire à un élevage en fûts sérieux, certes, mais sans exagération ni extraction forcée. À boire avec un steak au poivre.

ROUGE

Coteau Rougemont Versant Rouge 2017

Code SAQ: 12204086

Taux d'alcool: 13,5 %

Sucre (g/L): 2,2

Note: **

Cépages: Frontenac, marquette

14,95 $

Un vin rouge québécois tout ce qu'il y a de plus simple et de plus agréable. Les fruits noirs confits fondent en bouche en compagnie des bleuets et des noyaux de cassis, les tannins prennent leur place sans bousculer leurs voisins et une trace de fumée règne en fin de bouche. Réservez-lui des charcuteries et des fromages à pâte ferme.

ROUGE

Domaine Labranche Vin Rouge 2017

Code SAQ: 13374757

Taux d'alcool: 14 %

Sucre (g/L): 1,5

Note: *

Cépage: Frontenac

18,55 $

Un vin pas compliqué pour deux sous avec ses tannins souples et ses arômes de framboise, de bleuet, de cannelle et d'herbes aromatiques. Les hamburgers sont tout indiqués pour lui tenir compagnie.

ROUGE

Domaine de Lavoie 2016

Code SAQ : 741173

Taux d'alcool : 12 %

Sucre (g/L) : 5,9

Note : *

Cépages : Frontenac, baco noir, maréchal foch

15,95 $

Un rouge de style rustique et qui en impose avec son nombre élevé de tannins et ses notes de café torréfié. Le côté fruité est bien servi par de la cerise noire et de la framboise. À essayer sur une viande chevaline rosée.

ROUGE

Domaine de Lavoie La Tourelle 2016

Code SAQ : 11738844

Taux d'alcool : 12 %

Sucre (g/L) : 13

Note : *

Cépages : Frontenac, de chaunac, sainte-croix, maréchal foch

15,80 $

Doté de tannins légers, la cuvée La Tourelle développe des saveurs de feuilles, de café, de cannelle et une légère amertume. J'estime ce rouge à son mieux avec des sandwichs de porc effiloché et des poêlées de champignons.

ROUGE

Domaine du Ridge Le bâtonnier 2017

Code SAQ : 11633161

Taux d'alcool : 11,5 %

Sucre (g/L) : 2,69

Note : **

Cépage : Maréchal foch

16,55 $

Un vin rouge aux tannins souples où dominent le cassis, les fruits des champs et la mûre. À cela s'ajoutent de l'herbe fraîche, de la fumée, du bacon et une touche de poivron. Les sandwichs aux champignons et aux poivrons grillés, ainsi que ceux au fromage grillé seront bien servis par la souplesse de ce vin.

ROUGE

Domaine du Ridge Clos du Maréchal 2017

Code SAQ : 10220373

Taux d'alcool : 11,5 %

Sucre (g/L) : 3,1

Note : **

Cépage : Maréchal foch

14,55 $

Attention à cette main de fer dans un gant de velours : après de la fraise et du café apparaît rapidement une importante masse tannique et acide. Pour couronner le tout, on goûte de la pâtisserie, des fruits et du cassis. Étonnant. Les viandes rouges mijotées sont prescrites.

ROUGE

Domaine Queylus Pinot Noir Réserve 2013

Code SAQ : 12456494

Taux d'alcool : 13 %

Sucre (g/L) : 1,8

Note : ***

Cépage : Pinot noir

47,00 $

Coup de coeur

Thé • Mûr • Tannique

Ce pinot noir conservé longtemps en fûts de chêne contient des arômes de fruits rouges bien mûrs (cerise, framboise), des épices et des tannins soutenus, accompagnés par du thé et des fruits séchés. La longue finale est épicée et dotée elle aussi de fruits rouges mûrs. Un très bon pinot canadien, à boire avec des viandes rouges grillées et du canard confit.

ROUGE

Flat Rock Cellars Pinot noir 2016

Code SAQ : 12457307

Taux d'alcool : 12,5 %

Sucre (g/L) : Moins de 1,2

Note : **

Cépage : Pinot noir

23,95 $

Un pinot noir frais, digeste et souple, qui déploie des arômes de cerise des bois, de cannelle, de mûres, de bleuets bien mûrs et de café froid. Servez-le frais, avec un saumon cuit sur la planche au barbecue ou avec du poulet grillé.

ROUGE

Grange of Prince Edward Cabernet Franc 2014

Code SAQ : 12711168

Taux d'alcool : 13 %

Sucre (g/L) : 2,1

Note : **

Cépage : Cabernet franc

29,75 $

Comme son nom l'indique, ce vignoble ontarien est situé dans le Prince Edward County. Dès qu'on approche notre verre du nez, le cabernet franc produit par Caroline Granger et sa fille sent le poivron vert caractéristique de ce cépage. Le cassis et les fruits rouges transformés et élégants l'entourent, en plus de baigner dans une trame acide, tannique et équilibrée.

ROUGE

Henry of Pelham Baco Noir 2017

Code SAQ : 270926

Taux d'alcool : 13 %

Sucre (g/L) : 14,5

Note : **

Cépage : Baco noir

16,85 $

On peut affirmer qu'avec le temps, Henry of Pelham est devenu le maître canadien, si ce n'est nord-américain, du cépage hybride français baco noir. Le vin qu'il en tire est rouge violacé foncé et offre des saveurs de poivre, de cassis, de bacon, de fumée et de framboise. Si vous cherchez un vin de garde moyenne (trois à cinq ans) pour votre cellier, achetez celui-ci. Sinon, vous pouvez aussi le consommer tout de suite, avec un steak au poivre noir.

ROUGE

Henry of Pelham Baco Noir Vieilles Vignes 2017

Code SAQ : 13471039

Taux d'alcool : 13 %

Sucre (g/L) : 12

Note : **

Cépage : Baco noir

22,65 $

« L'aîné » du baco noir d'Henry of Pelham est issu de vignes plus matures que celles dont provient le baco noir 2017 (voir produit précédent). Pour le moment, des saveurs de cassis, de cerise noire, de graphite, de tabac, de poivron vert et d'épices y sont enfermées. Une attente de sept ou huit ans l'améliorera sans aucun doute. Sinon, laissez-le en carafe une bonne heure avant de le servir à 22 °C. L'agneau à la menthe sera bien satisfait à ses côtés.

ROUGE

Hidden Bench Estate Pinot Noir 2016

Code SAQ : 12582984

Taux d'alcool : 13,5 %

Sucre (g/L) : 2,1

Note : ***

Cépage : Pinot noir

36,75 $

Ce vin adopte un profil léger de petits fruits rouges et de cerise. Ses tannins tout de même soutenus se mêlent à une vive acidité. Il est droit et fin, malgré qu'il manque un peu de définition et de complexité. Après deux ou trois ans en cave, il pourrait se bonifier de manière admirable.

ROUGE

House Wine Co Red House Cabernet Merlot 2016

Code SAQ : 13458580

Taux d'alcool : 3,5 %

Sucre (g/L) : 5,7

Note : **

Cépages : Cabernet franc, merlot, cabernet-sauvignon

15,45 $

Un vin rouge de tous les jours qui regorge d'épices, de poivron rouge, de cassis et de champignon. Ses tannins sont souples et j'y détecte aussi des saveurs de cacao et de café froid en fin de bouche. À servir avec une diversité de plats allant des pâtés à la viande aux grillades de viandes blanches et rouges.

ROUGE

Inniskillin Niagara Estate Pinot Noir 2017

Code SAQ : 11035604

Taux d'alcool : 13,5 %

Sucre (g/L) : 5

Note : **

Cépage : Pinot noir

16,60 $

Un pinot noir étonnamment tannique, vu le prix affiché. Après l'apparition de cannelle, on goûte quantité de matières : de la framboise, du cèdre et du poivron vert (qui manque légèrement de maturité). La finale est droite et se termine sur des notes de thé rouge. Essayez-le avec du canard, qu'il soit confit ou en magret.

ROUGE

Jackson-Triggs Niagara Black Reserve Merlot 2016

Code SAQ : 11462112

Taux d'alcool : 13,5 %

Sucre (g/L) : 3,4

Note : *

Cépage : Merlot

14,40 $

Voici un vin simple, digeste et très agréable, qui possède une texture assez soyeuse et de la matière impartie par des saveurs de cassis, de poivron rouge, de thym et de bleuets. Ses tannins sont souples, mais bien présents. Je vous le conseille avec des mets végétariens aux courgettes et aux aubergines.

ROUGE

Malivoire Wine Company Malivoire Gamay 2017

Code SAQ : 11140498

Taux d'alcool : 12,5 %

Sucre (g/L) : 6,2

Note : **

Cépage : Gamay

18,75 $

Grâce à ses saveurs souples de fruits mûrs, dont la cerise noire, le cassis et la canneberge, à ses tannins légers et à sa finale de feuilles séchées légèrement alcoolisée, ce gamay sera délicieux à l'apéritif et avec des charcuteries.

ROUGE

Mission Hill Five Vineyards Cabernet Merlot 2017

Code SAQ : 10544749

Taux d'alcool : 13,5 %

Sucre (g/L) : 1,8

Note : **

Cépages : Merlot, cabernet, cabernet franc

17,95 $

Nous avons ici un vin composé de merlot, de cabernet-sauvignon et de cabernet franc. Bien gourmand il est plein et pourvu d'une belle texture en bouche. Ajoutez à cela des saveurs de cassis, de framboise des bois, de petits fruits rouges et de poivron vert, ainsi que des tannins soutenus un peu granuleux. La vanille ressort en finale de manière persistante. Le gibier et toutes les viandes rouges grillées aimeront sa compagnie.

ROUGE

Osoyoos Larose Pétales d'Osoyoos 2015

Code SAQ : 11166495

Taux d'alcool : 13,5 %

Sucre (g/L) : 3,6

Note : **

Cépages : Merlot, cabernet-sauvignon, cabernet franc, petit verdot

29,60 $

Le Pétales est le deuxième vin du domaine britanno-colombien. D'emblée, il est marqué par le cassis et le poivron vert. Ensuite, la framboise, le piment et le café se mêlent à une trame acide et à de beaux tannins déjà fondus. En finale, on goûte la vanille et le menthol. Un vin de belle tenue, élégant, extrêmement digeste et bien intégré. À déguster avec des tartes au champignon et de la tourtière du Lac-Saint-Jean.

ROUGE

Pelee Island Winery Eco Red Select Cuvee Pelee Island

Code SAQ : 13360427

Taux d'alcool : 13 %

Sucre (g/L) : 6

Note : *

Cépages : Chambourcin, cabernet franc

14,45 $

Le vignoble le plus méridional du Canada (situé aux abords du lac Érié) nous offre un vin peu tannique aux saveurs franches de betterave, de framboises mûres et sucrées et de canneberges. Très acide, il est le candidat parfait pour les plats de pâtes à la sauce tomate. Le chambourcin, qui compose 70 % de ce vin, est un cépage riche en alcool et en couleur.

ROUGE

Osoyoos Larose Le Grand Vin 2015

Code SAQ : 10293169

Taux d'alcool : 14 %

Sucre (g/L) : 2,5

Note : ***

Cépages : Merlot, cabernet-sauvignon, cabernet franc, petit verdot

47,85 $

Bien apprécié parmi les connaisseurs et les critiques, ce premier vin du domaine britanno-colombien présente des saveurs franches de cassis, de prune, de bleuets, de vanille et de tabac noir, soutenues par une importante masse tannique et une vive acidité. C'est long et complexe et des saveurs de noyaux de cassis persistent en bouche. Laissez-le vieillir pendant cinq ans ou offrez-lui un séjour d'une heure en carafe pour assouplir ses tannins et ouvrir son bouquet. Agencez-le à un gigot d'agneau cuit lentement.

ROUGE

Pelee Island Winery Tailwind Reserve Cabernet Franc-Cabernet Sauvignon 2016

Code SAQ : 13360671

Taux d'alcool : 13 %

Sucre (g/L) : 4

Note : **

Cépages : Cabernet franc, cabernet-sauvignon

16,45 $

Un bon vin de tous les jours, qui allie la betterave, la tomate, les bleuets, le cassis, les fruits des champs, la liqueur de bleuets et la cerise noire dans une trame moyennement acide et tannique. Le cabernet franc et le cabernet-sauvignon forment ici une recette gagnante qui s'alliera admirablement avec un chili végétarien.

ROUGE

Pelee Island Winery Tailwind Gamay Zweigelt

Code SAQ : 13190237

Taux d'alcool : 13 %

Sucre (g/L) : 12

Note : **

Cépages : Gamay, zweigelt

12,95 $

Si vous cherchez un vin simple pour l'apéro et les charcuteries, allez-y avec cet ontarien très fruité, aux saveurs très franches et juteuses de fraise, de framboise et de cerise. En finale, des herbes de Provence couronnent le tout.

DE GLACE

Inniskillin Niagara Vidal 2017

Code SAQ : 551085

Taux d'alcool : 10,5 %

Sucre (g/L) : 260

Note : ***

Cépage : Vidal

49,05 $

Coup de coeur

Pêche Melba • Tropical • Gras

Réservez ce vin de glace pour les occasions spéciales et profitez bien de sa complexité : pêche Melba, sucre d'orge, cire d'abeille, mangue, fruits tropicaux, miel, épices. Le tout est bien équilibré par une acidité vertigineuse. Ce vin est droit et sa texture, grasse. Un accord parfait pour des beignets au sucre.

SPIRITUEUX DU QUÉBEC

ABSINTHE

Absintherie des Cantons Absinthe Fleur Bleue

Code SAQ : 13312185

Taux d'alcool : 53 %

Note : ***

Type d'alcool : Absinthe

55,25 $

Coup de coeur

Anis • Menthe • Tout en finesse

Tirée de la plante du même nom, l'absinthe a été interdite pendant près de 100 ans en France et en Suisse, car les autorités l'accusaient de rendre ses consommateurs fous. L'Absintherie des Cantons cultive sa propre absinthe et en tire cet excellent produit goûtant les herbes vertes, l'anis, la menthe et la réglisse. Étonnamment, elle est fine, rafraîchissante, grasse et équilibrée en bouche, malgré son taux d'alcool de 55 %. Pour la boire, ajoutez trois parts d'eau glacée à une part d'absinthe; le mélange prend alors une couleur laiteuse.

ABSINTHE

Absintherie des Cantons Absinthe Joual Vert 2017

Code SAQ : 13306308

Taux d'alcool : 68 %

Note : ***

Type d'alcool : Absinthe

65,50 $

Cette absinthe titre 68 % de taux alcoolique, donc attention aux quantités dans le verre! Sans surprise, l'alcool et des arômes de fumée s'y manifestent d'entrée de jeu, mais ils laissent place à des saveurs complexes d'estragon, d'épices, de piment, de poivron vert et de réglisse.

ABSINTHE

Distillerie Fils du Roy La Courailleuse

Code SAQ : 12820284

Taux d'alcool : 72 %

Note : **

Type d'alcool : Absinthe

79,00 $

Cette absinthe québécoise, dont la plupart des aromates sont cultivés à Saint-Arsène, dans le jardin de la Distillerie Fils du Roy, est portée par les herbes, la réglisse noire, la menthe et le thym. Elle est rafraîchissante et longue en bouche. Comme d'habitude avec l'absinthe, allongez-la de trois parts d'eau glacée.

EAU-DE-VIE

Absintherie des Cantons Aquavit Belle-Isle

Code SAQ: 13533295

Taux d'alcool: 40 %

Note: ***

Type d'alcool: Aquavit

38,25 $

L'aquavit est une eau-de-vie scandinave créée en réponse au gin. Au lieu d'être aromatisé avec la baie de genièvre, cet alcool l'est avec de l'aneth et du carvi. L'aquavit Belle-Isle dévoile son jeu en territoire frais, voire froid, grâce à son caractère épicé, mentholé et floral, qui rafraîchit le palais. Des saveurs d'herbes et une texture grasse complètent le tout. Servez-la froide, à 10 °C.

EAU-DE-VIE

Distillerie Shefford Acérum Blanc

Code SAQ: 13489440

Taux d'alcool: 40 %

Note: **

Type d'alcool: Eau-de-vie d'érable

51,50 $

La certification Acérum garantit, depuis 2018, un mode de production précis de cette eau-de-vie. La sève de l'érable est fermentée et ensuite distillée. Le produit peut alors être vieilli en fûts de chêne (acérum brun) ou tel quel (acérum blanc). L'acérum blanc de la Distillerie Shefford offre un alcool bien présent, une texture fluide et un goût d'érable léger et boisé.

EAU-DE-VIE

Distillerie Shefford Acérum Brun

Code SAQ : 13489503

Taux d'alcool : 40 %

Note : ***

Type d'alcool : Eau-de-vie d'érable

53,50 $

Vieilli en fûts de chêne, cet acérum brun développe des arômes très épicés de cannelle, de marmelade à l'orange, d'érable sucré et de chocolat. Il est bien boisé et on y perçoit un peu de beurre. L'alcool, bien perceptible, y est équilibré.

EAU-DE-VIE

Maison Sivo Inc. Valkyrie Aquavit

Code SAQ : 13589475

Taux d'alcool : 41 %

Note : **

Type d'alcool : Aquavit

39,25 $

Le carvi et le cumin sont tout de suite en évidence dans cet aquavit, l'eau-de-vie scandinave aromatisée à l'aneth et au carvi. Des saveurs de menthe, de pomme de terre et de concombre baignent dans une texture huileuse et grasse.

GIN

1769 Distillerie
Madison Park Breakfast Gin

Code SAQ : 13535864

Taux d'alcool : 40 %

Note : ***

Type d'alcool : Dry Gin

48,50 $

Torréfaction • Tabac • Fraîcheur

Coup de coeur

Quel beau gin! Des odeurs et des saveurs de torréfaction, de thé, d'herbes fraîches, de tabac blond et brun et de citron se présentent à votre nez et votre palais. L'ensemble est frais et revigorant.

GIN

1769 Distillerie Madison Park Gin Vieilli en Fût

Code SAQ : 13264056

Taux d'alcool : 44 %

Note : **

Type d'alcool : London dry gin

69,50 $

Un gin qui a du corps, bien sûr apporté par le vieillissement en fûts de bourbon. Des saveurs d'épices, de beurre, de vanille, de fruits frais et de tabac blond s'arriment à une trame alcoolique plus que présente.

GIN

Absintherie des Cantons Old Major Tom Gin

Code SAQ : 13533287

Taux d'alcool : 47 %

Note : **

Type d'alcool : Dry gin

40,00 $

Il s'agit d'un gin mielleux, doux et gras, ce qui camoufle quelque peu le taux d'alcool, même si ce dernier pique malgré tout la langue en début de gorgée. Des saveurs d'épices et de sel arrivent par la suite.

GIN

Absintherie des Cantons Panoramix Gin

Code SAQ : 13916237

Taux d'alcool : 42 %

Note : ***

Type d'alcool : Dry gin

49,00 $

Coup de coeur

Vous épaterez vos convives avec ce gin bleu, dont la couleur provient de la fleur de pois bleu. À l'ajout d'un acide (citron, tonic), il se pare d'une robe rose fuchsia. Au-delà de cet artifice visuel, le contenu de la bouteille est garanti : le citron, le thé noir et les herbes vertes baignent dans une poigne alcoolisée longue et grasse. À l'ajout d'un tonic, des saveurs florales et épicées s'invitent en bouche.

GIN

Absintherie des Cantons Wendigo Dry Gin à l'Argousier

Code SAQ : 13305831

Taux d'alcool : 42,9 %

Note : ***

Type d'alcool : Dry gin

36,00 $

L'argousier, une baie orangée très concentrée en vitamines C, entre dans la composition de ce gin à la fois puissant et velouté. Des saveurs florales et herbacées sont aussi présentes et le tout s'agrémente d'une finale tannique au palais. À boire en gin-tonic.

GIN

BluePearl Distillery Inc. BleuRoyal Gin

Code SAQ : 13864238

Taux d'alcool : 45 %

Note : ***

Type d'alcool : Dry gin

48,75 $

Ce gin bleu est coloré naturellement à la fleur de pois papillon de la Thaïlande. Dégusté pur, il dégage des arômes de poivre noir et de fleurs, ainsi qu'une puissante charge alcoolique. Ajoutez-y un acide (eau tonique, citron) et il devient rose fuchsia. L'ajout d'un acide change aussi sa palette aromatique : des flaveurs florales de thé doux, de camomille, de lime et de pamplemousse apparaissent et l'alcool est beaucoup moins redoutable en bouche.

GIN

Brasserie et distillerie Oshlag Gin Hibiscus

Code SAQ : 13604305

Taux d'alcool : 40 %

Note : **

Type d'alcool : Dry gin aromatisé

38,75 $

Bien sûr, la fleur d'hibiscus colore ce gin aux allures florales, où le genévrier et les épices se plaisent. C'est doux, fluide, étonnamment léger et subtilement épicé. Je vous conseille de le déguster frais, en gin-tonic ou en cocktails.

GIN

Brasserie et distillerie Oshlag Peter McAuslan's Gin Holy Smoke!

Code SAQ : 13532161

Taux d'alcool : 43 %

Note : **

Type d'alcool : Dry gin aromatisé

39,50 $

Des saveurs complexes et surprenantes de fumée, de poivre noir, de menthe glacée et d'épices salées forment la trame de ce gin tout à fait remarquable. À boire nature, frais, avec du tonic ou en cocktails.

GIN

Distillerie Cirka Gin 375 édition limitée

Code SAQ : 13384365

Taux d'alcool : 40 %

Note : ***

Type d'alcool : Dry gin

37,75 $

Les festivités du 375e anniversaire de Montréal sont chose du passé, mais la fête continue avec ce gin d'édition limitée. Le mélèze, un conifère indigène du Québec, entre dans la composition de ce spiritueux. Après un début de bouche marqué par l'alcool, les épices et le genièvre équilibrent le gin rapidement. Sa texture est douce, mais non huileuse. Des saveurs de canneberge, de fleur de rose, de poivre et d'épinette s'ajoutent également aux célébrations.

GIN

Distillerie Cirka Sauvage Dry Gin

Code SAQ : 13337631

Taux d'alcool : 44 %

Note : ***

Type d'alcool : Dry gin

47,00 $

Pour produire ce gin, le maître distillateur Paul Cirka utilise 30 aromates de la forêt boréale. Le résultat est très frais et épicé. L'alcool, bien intégré malgré ses 44 %, est traversé de saveurs de menthe, d'herbes boréales et d'aiguilles de pin. Un gin revigorant à déguster seul.

GIN

Distillerie de La Chaufferie London Dry Gin Furlong

Code SAQ : 14022497

Taux d'alcool : 43 %

Note : ***

Type d'alcool : London dry gin

48,25 $

Lorsqu'il est dégusté pur, ce London dry gin est droit et constitue un exemple d'équilibre alcoolique, avec un profil d'herbes vertes et de menthe. Ajoutez-y quelques gouttes d'eau et il se parfume soudainement de genièvre et de poivre. Ce London dry gin classique et élégant peut également se déguster en gin-tonic et en cocktails.

GIN

Distillerie de Québec Trait Carré Dry Gin

Code SAQ : 13674119

Taux d'alcool : 40,40 %

Note : **

Type d'alcool : Dry gin

41,50 $

La palette aromatique de ce gin tire sur l'orange et les épices. Il offre une présence alcoolique forte en début de bouche. L'ensemble, formé de 40 végétaux du terroir québécois et de pays exotiques, est digeste et procure du dynamisme et de l'énergie aux papilles.

GIN

Distillerie du Fils du Roy Rocher Malin Dry Gin

Code SAQ : 13993216

Taux d'alcool : 45 %

Note : **

Type d'alcool : Dry gin

45,25 $

Un gin moyennement parfumé et droit, qui déborde d'arômes salés, d'herbes fraîches, de poivre noir et de poivre de Cayenne. Sa forte teneur alcoolique est adoucie par du concombre et de l'aneth. À boire pur ou en cocktail.

GIN

Distillerie du Fils du Roy Thuya

Code SAQ : 12573519

Taux d'alcool : 45 %

Note : ***

Type d'alcool : Dry gin

39,75 $

En latin, *thuya* signifie « cèdre ». C'est cette plante qui entre dans la composition de ce gin et qui lui confère des notes légèrement boisées en fin de bouche. Ce gin est somme toute bien parfumé de concombre frais, d'aneth salé, de gazon frais et d'épices. À déguster pur ou dans des cocktails aux ingrédients puissants et extravagants, car il peut leur tenir tête.

GIN

Distillerie du Fjord Gin Km12

Code SAQ : 13394918

Taux d'alcool : 40 %

Note : ***

Type d'alcool : Dry gin

46,50 $

L'eau de source utilisée pour ce gin de la forêt boréale est pure et sans minéraux. Km12 fait référence à sa localisation dans les monts Vallin, au Saguenay. En effet, le résultat en bouche est extrêmement pur et nous fait vivre une promenade en forêt boréale. Le pin ouvre le bal, tandis que le genièvre, les épices douces et l'alcool fluide et peu présent constituent le clou de la dégustation. Un coup de cœur pour ce gin québécois.

GIN

Distillerie du St. Laurent Dry Gin

Code SAQ : 12881538

Taux d'alcool : 43 %

Note : **

Type d'alcool : Dry gin

48,75 $

Des algues laminaires (brunes) du St-Laurent entrent dans la composition de ce gin assez fort, gras et fumé. L'ensemble est doux, marqué par le sel, les algues, les herbes vertes, les épices et la fumée.

GIN

Distillerie du St. Laurent Vieux Dry Gin

Code SAQ : 13672041

Taux d'alcool : 47 %

Note : ***

Type d'alcool : Dry gin

58,50 $

Infusé aux algues laminaires (brunes) et élevé un an en fûts de chêne ayant contenu du bourbon, ce gin goûte néanmoins, en début de bouche, le fruit et particulièrement la pêche. Ce n'est qu'après quelques secondes que l'alcool se dévoile, accompagné de sel, d'air marin et de minéraux.

GIN

Distillerie Wabasso Dry Gin

Code SAQ : 13737503

Taux d'alcool : 41,3 %

Note : ***

Type d'alcool : Dry gin à l'eau de source minérale Radnor

46,50 $

Mentholé • Équilibré • Puissant

Coup de coeur

Des effluves de thé puissant, de fermentation et d'huile exhalent de ce gin élaboré avec l'eau de source minérale Radnor de Trois-Rivières. En bouche, il est fluide et souple et présente des arômes de thé des bois et de menthe. Le thé revient dans une finale superbement équilibrée, malgré la présence alcoolique. En somme, vous avez affaire à un gin délicat, fin et digeste, à boire nature ou avec de l'eau tonique.

GIN

Domaine Lafrance Dandy Gin

Code SAQ : 13385827

Taux d'alcool : 42,3 %

Note : ***

Type d'alcool : Gin aromatisé

40,25 $

L'entrée en matière de ce gin est alcoolique et agressive, mais sa suite est plus calme grâce à l'apparition de pomme fraîche, d'herbes épicées et de bois. Un gin fin et distingué, à boire seul ou avec de l'eau tonique.

GIN

Domaine Lafrance Dandy Old Tom Gin

Code SAQ : 13875279

Taux d'alcool : 40,2 %

Note : *

Type d'alcool : Old Tom gin aromatisé

55,25 $

Les arômes de caramel, de chocolat blanc, d'épices et de pommes rouges cuites sont magnifiés par le léger ajout de sirop d'érable et le vieillissement en fûts de cabernet-sauvignon. Sucré comme tout bon Old Tom, ce gin est tout de même un peu unidimensionnel.

GIN

Les spiritueux Ungava Premium Dry Gin

Code SAQ : 11156764

Taux d'alcool : 43,1 %

Note : **

Type d'alcool : Dry gin

35,50 $

La couleur jaune fortement dorée de ce produit très populaire au Québec est due à la baie d'églantier. Ses épices, ses herbes nordiques, son caractère chimique et sa charge alcoolique modérée en font un parfait candidat pour un cocktail comportant du tonic et du jus de pamplemousse rose.

GIN

Malchers Maxi Dry Gin

Code SAQ : 4077

Taux d'alcool : 40 %

Note : **

Type d'alcool : Dry gin

30,50 $

Ce gin de base est tout indiqué en tonic et en cocktails, grâce à ses saveurs simples de genièvre et d'épices et à son alcool mesuré. C'est un bon gin commercial et passe-partout.

GIN

Pur Vodka Romeo's Gin

Code SAQ : 13735305

Taux d'alcool : 46 %

Note : ***

Type d'alcool : Dry gin

39,00 $

Coup de coeur

Il est préférable de consommer ce gin à la bouteille spectaculaire en cocktail ou avec un simple tonic. Après des saveurs de concombre et d'aneth, l'alcool apparaît de manière un peu agressive. Du sel marin et de la saumure le composent également.

GIN

Les Subversifs Microdistillerie
Le Gin de Marie-Victorin

Code SAQ : 13876298

Taux d'alcool : 43 %

Note : **

Type d'alcool : Dry gin

44,75 $

Vous connaissez le gin Piger Henricus, qui est en vente depuis 2013 ? Et bien Le Gin de Marie-Victorin, en hommage au fondateur du Jardin botanique de Montréal, le remplace depuis 2018. Rassurez-vous, il est tout aussi épicé et boisé que son prédécesseur, avec en plus des saveurs fluides de concombre et d'aneth. Servez-le frais.

LIQUEUR

Distillerie Artist In Residence Mayhaven
Liqueur de gingembre

Code SAQ : 13983712

Taux d'alcool : 30 %

Note : *

Type d'alcool : Liqueur de gingembre

33,50 $

Une liqueur de gingembre à la poigne puissante et serrée qui développe rapidement en bouche des saveurs fortes de gingembre, d'épices, de sucre et de bonbons. Sa texture est grasse et elle libère une sensation de fumée, ainsi qu'une longue finale alcoolique. À boire froid, avec des glaçons ou de l'eau tonique.

LIQUEUR

Distillerie Wabasso Bourgeon

Code SAQ : 14061681

Taux d'alcool : 24 %

Note : ***

Type d'alcool : Liqueur de gin et d'érable

35,00 $

Cette liqueur de gin et d'érable n'est pas un acérum. Elle est préparée avec du sirop de bourgeon d'érable, que les producteurs acéricoles laissent de côté à cause de son goût de bourgeon trop prononcé. Toutefois, l'accord entre le gin et le réduit d'érable est franchement réussi. L'érable, les épices nordiques, le genévrier, le romarin, le citron et même des tannins se côtoient de manière harmonieuse. En humant la liqueur, on se sent transporté dans le nord du Québec, dans la toundra. Sa texture est douce et fluide. Prenez-la sur glace ou en gin-tonic avec du citron.

LIQUEUR

Maison Sivo Inc. Shámán

Code SAQ : 13066463

Taux d'alcool : 36 %

Note : **

Type d'alcool : Liqueur d'herbe

26,10 $

Cette liqueur d'herbe à boire froide exhale le chocolat noir et au lait, l'anis noir et les saveurs chimiques. Elle s'apprécie très bien en digestif.

LIQUEUR

Maison Sivo Inc. Liqueur de Rhubarbe

Code SAQ : 13831891

Taux d'alcool : 23 %

Note : **

Type d'alcool : Liqueur de rhubarbe

27,85 $

Janos Sivo a créé une liqueur de rhubarbe fraîche aux saveurs franches d'épices et de pommes rouges. En bouche, le liquide est très sirupeux. Servez-la rafraîchie, sur glace ou avec de l'eau pétillante.

LIQUEUR

Michel Jodoin Liqueur de Pomme

Code SAQ : 733402

Taux d'alcool : 24 %

Note : **

Type d'alcool : Liqueur de pomme

37,75 $

Cette liqueur, « un assemblage d'eau-de-vie de pomme et de jus de pomme légèrement cryoconcentré », tel que le décrit son producteur, Michel Jodoin, est remplie de miel, d'épices, de mangue et de pomme rouge (avec la peau). Elle est longue et équilibrée. À déguster froide en digestif.

LIQUEUR

Mondia Alliance Barista Liqueur de Café

Code SAQ : 13567962

Taux d'alcool : 23 %

Note : **

Type d'alcool : Liqueur de café

30,25 $

Au nez, cette liqueur dégage des odeurs de menthe, de chocolat et de noisettes. Ces deux derniers persistent en bouche, accompagnés de saveurs de fruits secs et d'une présence alcoolique qui réchauffe. Elle est préparée avec du café hawaïen Kona, du rhum ambré des Caraïbes et du chocolat noir. Vous pouvez la déguster avec des glaçons et du café au lait, ainsi que dans des cafés espagnols ou irlandais. Mariez-la aussi avec des desserts, comme le tiramisu et la crème glacée.

LIQUEUR

Les Subversifs Microdistillerie Le Réduit de Léo

Code SAQ : 12933043

Taux d'alcool : 23 %

Note : **

Type d'alcool : Liqueur

33,25 $

Le Réduit de Léo est un gin auquel le distillateur a ajouté du réduit de sirop d'érable. C'est doux, assez sucré, l'érable est subtil, il s'agit d'un dessert en soi qu'on boit en soirée avec les amis qu'on aime, même si je le trouve un peu unidimensionnel.

LIQUEUR

Les Subversifs Microdistillerie Amernoir

Code SAQ : 13505008

Taux d'alcool : 31 %

Note : ***

Type d'alcool : Liqueur amère

32,75 $

Cette liqueur amère aux herbes arbore un profil aromatique de réglisse noire, d'anis, d'épices, de sucre, de café froid et de chocolat au lait. Par chance, l'amertume se dresse contre ses arômes aux fortes personnalités. Vous êtes en présence d'un excellent digestif à boire nature, frais ou avec des glaçons.

VODKA

1769 Distillerie MVodka

Code SAQ : 12880113

Taux d'alcool : 40 %

Note : **

Type d'alcool : Vodka de maïs

41,75 $

Cette vodka tire un peu dans toutes les directions, car on y décèle du pain, des épices, de la menthe et du genièvre. L'alcool y est fort bien intégré, même s'il laisse paraître sa présence.

VODKA

1769 Distillerie MVodka Reserve

Code SAQ : 13535910

Taux d'alcool : 40 %

Note : **

Type d'alcool : Vodka de maïs

44,50 $

VISUEL
NON DISPONIBLE

La version réserve de la MVodka séjourne en fûts de chêne américain pendant un mois, ce qui confère au distillat de maïs des saveurs de vanille, de bois et de beurre. La finale laisse entrevoir des fruits jaunes et une présence alcoolique bien intégrée.

VODKA

Brasserie et Distillerie Oshlag – Oshlag

Code SAQ : 13117793

Taux d'alcool : 40 %

Note : ***

Type d'alcool : Vodka aromatisée

34,50 $

Blé • Épices • Gras

Coup de coeur

Aromatiser la vodka avec du houblon pour sortir des sentiers battus de la distillation de ce type d'alcool : il fallait y penser ! Le résultat n'est rien de moins que sublime et il arbore une robe jaune. Offrant une texture grasse accompagnée de saveurs de citron, de blé et d'herbes, cette vodka goûte également les légumes bien verts, en plus de disposer d'une complexité d'épices. Appréciez-la seule à température pièce ou légèrement rafraîchie.

VODKA

Distillerie Artist in Residence Vodkalight

00628055952008

Code SAQ : 13827269

Taux d'alcool : 30 %

Note : *

Type d'alcool : Vodka de pomme de terre

39,25 $

À 30 %, la teneur alcoolique de la vodka de cette distillerie de Gatineau est plus faible que ses concurrents traditionnels. Il est préférable de la servir froide ou en cocktails pour en faire ressortir les saveurs salines de concombre, d'herbes et d'épices. Bravo à la bouteille au design affirmé !

VODKA

Distillerie Cirka Terroir

Code SAQ : 13455670

Taux d'alcool : 40 %

Note : ***

Type d'alcool : Vodka de maïs québécois

43,50 $

Notez que Cirka est l'une des rares distilleries au Québec qui produit son alcool du grain à la bouteille, sans se le procurer en vrac auprès de distributeurs. Cette vodka tirée de maïs du Québec possède une texture huileuse. L'attaque en bouche est marquée par l'alcool. Les épices arrivent ensuite, dont du pin et une pointe florale. Le résultat final est délicat et d'une grande finesse. À boire nature, froid ou en cocktail.

VODKA

Distillerie de Québec Cap Diamant Vodka

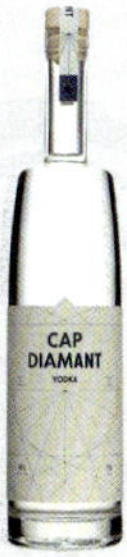

Code SAQ : 13674127

Taux d'alcool : 40 %

Note : *

Type d'alcool : Vodka à l'eau des Laurentides

36,50 $

Une vodka neutre faite à partir d'une eau des Laurentides où l'alcool souple et fin nage dans une texture assez grasse et épicée. Son nom se veut un rappel historique du lieu où les premiers Européens sont arrivés à Québec : le cap Diamant, là où le fleuve se resserre.

VODKA

Distillerie Fils du Roy Grande Bagosse Version Al Capone

Code SAQ : 12880181

Taux d'alcool : 40 %

Note : **

Type d'alcool : Vodka

35,75 $

La Distillerie Fils du Roy a vu le jour en 2012 à Petit-Paquetville, au Nouveau-Brunswick. Elle a aussi une deuxième distillerie à Saint-Arsène, dans le Bas-Saint-Laurent. La vodka Grande Bagosse version Al Capone est plutôt neutre, avec des saveurs d'épices, de fruits et de légumes frais, complétées par une puissance alcoolique bien en selle. Je vous la conseille nature ou dans des cocktails.

VODKA

Les spiritueux Ungava Quartz Premium Vodka

Code SAQ : 12392451

Taux d'alcool : 41 %

Note : ***

Type d'alcool : Vodka

35,25 $

Une vodka aromatique loin d'être neutre, grâce à des arômes d'épices et d'herbes fraîches. Sa texture n'est pas huileuse et l'ensemble n'est pas très alcoolisé. À boire nature ou rafraîchie.

VODKA

Mondia Alliance Kamouraska Bacon

Code SAQ : 12591784

Taux d'alcool : 30 %

Note : *

Type d'alcool : Vodka aromatisée

25,35 $

Le résultat en bouche est déroutant : cette vodka goûte réellement le bacon, celui qu'on aime bien gras et bien salé dans nos hamburgers. Une fois la surprise passée, on se dit « pourquoi pas un tel arôme dans une vodka ? », même si la finesse en prend un coup. Par contre, je propose fortement de la conserver au congélateur pour mieux faire descendre toute cette impression de gras.

VODKA

Pur Vodka Ultra Premium

Code SAQ : 13536031

Taux d'alcool : 40 %

Note : ***

Type d'alcool : Vodka

44,50 $

Concombre
Douceur
Produit primé

Coup de coeur

La vodka de Nicolas Duvernois, la première créée au Québec (en 2009), a remporté de nombreux prix dans le monde, dont le prestigieux World Vodka Master. Après 10 ans de succès, la qualité fait encore partie intégrante de ce spiritueux gras, digeste, doux et à l'alcool équilibré. Des saveurs de fines herbes, de grains, d'épices, de pommes de terre, de concombre et de persil s'y trouvent. À servir nature ou glacée.

VODKA

Les Subversifs Microdistillerie La Vodka de Irma

Code SAQ : 13736615

Taux d'alcool : 40 %

Note : ***

Type d'alcool : Vodka

41,50 $

Les saveurs de cette vodka sont simples, essentiellement des épices et du gazon frais, mais elle est d'une douceur et d'une longueur en bouche incomparables. À déguster lentement nature et chambrée ou bien froide.

WHISKY – RYE

1769 Distillerie Whisky Canadien 3 ans

Code SAQ : 13671137

Taux d'alcool : 42 %

Note : ***

Type d'alcool : Whisky de maïs et de rye

54,25 $

Vieilli en fûts de bourbon durant trois ans, ce whisky développe d'entrée de jeu des flaveurs de caramel anglais et de beurre. La présence de l'alcool y est bien marquée. Après quelques secondes en bouche, des saveurs de fruits frais apparaissent et se fondent dans la finale plutôt fraîche.

WHISKY – RYE

Distillerie Artist in Residence Kilinger Rye

Code SAQ : 14018332

Taux d'alcool : 41 %

Note : **

Type d'alcool : Rye

40,00 $

Ce whisky de seigle (rye), bien qu'il soit non boisé, présente pourtant des saveurs de planches et un caractère très fumé et tourbé. Des épices, de la pomme de terre, de la crème de maïs, des légumes et une texture mielleuse le rendent très agréable, surtout lorsque dégusté nature.

WHISKY – RYE

Distillerie de Québec Trait carré 1665

Code SAQ : 13876386

Taux d'alcool : 48 %

Note : ***

Type d'alcool : Rye

62,75 $

Le seigle de l'aîné de la famille Trait carré profite d'un séjour de quelques mois en petits fûts de chêne de 40 litres. Sans surprise, ce vieillissement lui procure des saveurs de bois, de miel, de vanille et d'épices. S'ajoutent à cela un goût de fruits jaunes (la pêche) et une sensation douce, grasse et digeste.

WHISKY – RYE

Distillerie du St. Laurent Moonshine Whisky

Code SAQ : 13598849

Taux d'alcool : 47 %

Note : *

Type d'alcool : Whisky de maïs, de seigle, et d'orge maltée

49,25 $

Le moonshine est un whisky blanc avant son vieillissement en fûts. Il est pur et dégage des arômes de pain frais et de levures. Pour l'apprécier, il faut supporter sa forte charge alcoolique.

WHISKY – RYE

Maison Sivo Inc. Le Rye

Code SAQ : 13566804

Taux d'alcool : 42 %

Note : ***

Type d'alcool : Whisky de seigle et d'orge maltée

46,25 $

Composé de deux tiers de seigle et d'un tiers d'orge maltée, ce whisky est vinifié en fûts de chêne européen neufs et il est ensuite affiné en fûts de porto. Doté d'une excellente texture fluide, il goûte le beurre, les épices et le chocolat fin à l'orange, et sa finale est alcoolique, mais sans excès. À boire seul.

WHISKY – RYE

Maison Sivo Inc. Le Single Malt

Code SAQ : 13566847

Taux d'alcool : 42 %

Note : ***

Type d'alcool : Whisky

55,00 $

Beurre • Noisette • Puissance

Coup de coeur

Ce single malt, le premier du Québec en vente à la SAQ, est distillé à partir d'orge maltée de Thetford Mines, vieilli en fûts de chêne neufs hongrois et affiné pendant trois ans en fûts de sauternes. Le produit final en aura valu l'attente et tout le travail, car il est épicé et contient de puissantes saveurs de beurre doux fraîchement baratté, de caramel, d'orange, de noisettes, de noix et de chocolat au lait. Appréciez-le tel quel.

AUTRES

Domaine Lafrance Georges-Étienne 3 ans Brandy de Pommes

Code SAQ : 13333322

Taux d'alcool : 42 %

Note : **

Type d'alcool : Brandy de pommes

45,25 $

Des saveurs de pomme cuite et d'alcool apparaissent au premier plan. L'aspect alcoolique s'estompe toutefois rapidement pour faire place à de la feuille séchée, des épices légères, du bois et de la vanille. La texture de ce brandy est fluide et sa dégustation se termine par une belle sensation d'alcool. Il s'agit d'un très bon brandy de tous les jours, un digestif à déguster seul.

AUTRES

Domaine Lafrance Pure Légende

Code SAQ : 12467118

Taux d'alcool : 42 %

Note : **

Type d'alcool : Brandy de pomme

39,50 $

Même si elles sont délicates, les effluves de ce brandy de pomme tirent vers l'eau-de-vie et le bois. En bouche, le liquide est doux et fluide et sa trame alcoolique se révèle légère et équilibrée. On y trouve également de la pomme rouge cuite, de douces épices, dont du poivre gris et blanc, et du sel en fin de bouche. La finale de ce brandy de pomme à boire nature est longue.

AUTRES

Michel Jodoin Brandy de Pomme 3 ans

Code SAQ : 577601

Taux d'alcool : 40 %

Note : ***

Type d'alcool : Brandy de pomme

46,00 $

La trame de ce brandy parfait pour le digestif et les cocktails s'articule autour de l'alcool, du beurre, des épices et de la vanille. Relativement puissant, il fait saliver et présente en finale des saveurs longues et complexes de cigare et de tabac blond.

AUTRES

Distillerie Wolfsberger Sainte Marie Rhum Épicé

Code SAQ : 13448162

Taux d'alcool : 40 %

Note : **

Type d'alcool : Rhum brun épicé

37,00 $

Le sucre de canne, l'orange, la vanille, les épices, la canneberge et le tabac blond composent la palette aromatique de ce rhum fait à Montréal. Très sirupeux et assez sucré, il est tout indiqué pour les punchs et les cocktails.

AUTRES

Les spiritueux Ungava Chic Choc

Code SAQ : 12362674

Taux d'alcool : 42,1 %

Note : ***

Type d'alcool : Rhum brun épicé

34,75 $

Un rhum québécois qui sent la vanille, le bois, les épices et le chocolat. La bouche est huileuse, avec de la cannelle, du sucre, des épices, de l'alcool, de la mélasse, de la noix de coco, du chocolat au lait et du café.

AUTRES

Distillerie du Fils du Roy La Grande Hermine Pastis Bas St-Laurent

Code SAQ : 13448912

Taux d'alcool : 45 %

Note : **

Type d'alcool : Pastis

50,25 $

Ce pastis du Bas-Saint-Laurent est de type classique, à la marseillaise avec ses arômes dominants d'anis étoilé. Il est doux, fluide, léger et teinté d'herbes aromatiques dont le thym et l'origan. Allongez-le d'eau glacée, d'un peu de soleil et de bonne compagnie.

AUTRES

Les Subversifs Microdistillerie Amermelade

Code SAQ : 14070966

Taux d'alcool : 18 %

Note : ***

Type d'alcool : Apéritif à base de gentiane

21,30 $

Vous aimez l'Apérol spritz, ce cocktail italien très populaire par les temps qui courent? Cette version québécoise de l'apéritif à base de gentiane, nécessaire à la préparation du spritz, est tout ce qu'il y a de plus classique et de plus aromatique : orange amère, pamplemousse, fleur d'oranger, herbes fraîches et sucre. Évidemment délicieux en cocktail, il est aussi parfait sur glace avec de l'eau tonique ou gazeuse.

LEXIQUE DU VIN

Alambic: appareil servant à la distillation du maïs, du seigle ou de la pomme de terre pour produire des spiritueux comme le gin, le whisky et la vodka. Il est composé d'une chaudière chauffante; les vapeurs qui s'en dégagent passent par un chapiteau, traversent un col-de-cygne et terminent leur course dans un serpentin réfrigéré par de l'eau.

Cave: endroit ou appareil destiné à conserver ou à faire vieillir le vin. La cave dispose d'une température dépourvue de variations brutales, afin de ne pas choquer le vin. De plus, son humidité est importante, notamment pour que les bouchons de liège des bouteilles ne s'assèchent pas.

Cépage: Variété de raisin utilisé pour produire du vin (chardonnay, merlot, vidal, etc.). Il y en a plusieurs milliers dans le monde.

Cépage hybride: vigne provenant du croisement d'espèces différentes, américaines et françaises. Elle résiste mieux à certaines maladies, mais donne des vins de moins bonne qualité que le cépage *vitis vinifera*.

Culture biologique: philosophie agricole ou viticole qui exclut le recours à la plupart des produits chimiques de synthèse.

Ceps: la partie ligneuse du pied de vigne.

Chai: espace où sont élaborés et entreposés des fûts en bois ou en acier inoxydable dans lesquels les vins vieillissent des mois ou des années durant. Note : la vinification peut avoir lieu dans des barriques ou des cuves et donc dans le chai.

Culture biodynamique: aussi appelé biodynamie, ce type de culture est différent, mais complémentaire à la culture biologique. En effet, les deux principes refusent le recours aux pesticides et aux produits chimiques. Or la biodynamie se base aussi sur les cycles lunaires et les rythmes de la journée pour sauvegarder les sols et favoriser la défense interne des plantes, sans recourir à des agents extérieurs. La culture biodynamique n'utilise que des produits 100 % naturels.

Fût : contenant en bois (le plus souvent du chêne) ou en métal, dans lequel le vin (et d'autres alcools : spiritueux, eaux-de-vie) est vinifié ou vieilli.

Méthode Charmat : méthode de seconde fermentation qui transforme, en cuve close sous haute pression, le vin tranquille en vin mousseux. Ce procédé inventé en 1907 par Jean-Eugène Charmat dure au moins trois semaines.

Méthode champenoise : méthode de seconde fermentation identique à la méthode traditionnelle, c'est-à-dire en bouteille (plutôt qu'en cuve pour la méthode Charmat). La différence avec la méthode traditionnelle, c'est que celle-ci est réservée aux vins originaires de la région de Champagne, à condition qu'ils soient élaborés sur place.

Mistelle : produit du raisin auquel on a ajouté de l'alcool pur pour arrêter la fermentation. Le résultat consiste en des liqueurs, des vermouths, des madères, etc.

Oenologue : selon l'Union internationale des œnologues, l'œnologue est le professionnel qui « suit toutes les opérations » du vin, de « la culture de la vigne jusqu'à la récolte des raisins, en passant par la vinification et la mise en bouteilles ».

Passerillage : surmaturation du vin en laissant le raisin sécher sur pied ou, après sa récolte, sur de la paille ou dans des contenants en plastique. Le vin soumis à ce procédé, dont les sucres s'en trouvent enrichis, s'appelle du « vin passerillé ».

Pressurage : extraction mécanique du jus des raisins. Cette opération se nomme aussi « pressage ».

Vendanges tardives ou vin de vendanges tardives : vin produit à partir de raisins laissés plus longtemps que prévu sur les vignes, afin que leur teneur en sucre augmente. Le vin produit ainsi est beaucoup plus sucré qu'un vin blanc sec et il affiche au moins 100 g de sucre par litre.

Vinificateur : personne chargée de transformer le raisin, qu'elle a acheté ou qui a été récolté par le viticulteur. Il n'est pas nécessairement diplômé comme l'œnologue, même si ces deux fonctions se ressemblent.

***Vitis vinifera* :** Selon le *Dictionnaire Larousse du vin*, il s'agit d'une variété de plants de vignes situées en Europe ainsi qu'en Asie centrale et orientale. Près de 4 000 cépages de ce genre de vignes ont été recensés. Les *vitis vinifera* sont considérés comme des cépages européens nobles et ils regroupent, par exemple, le pinot noir, le gamay et le chardonnay. La décision d'opter pour ce type de variétés au Québec est toutefois considérée risquée par plusieurs, en raison des étés très humides et des nombreuses maladies qui peuvent toucher ces cépages. La faible résistance au froid de ces derniers, qui oblige les viticulteurs à les recouvrir de terre ou de toiles géotextiles l'hiver, explique aussi la réticence dont ils font souvent l'objet.

Index des vignobles

C

Carone **168,** 186

Château de cartes **98,** 178, 188,

Coteau Rougemont **30,** 41, 179, 189, 190, 191, 201, 202, 210

Coteau St-Paul **34**

D

Domaine de Lavoie **38,** 179, 180, 194, 203

Domaine des 3 fûts **160**

Domaine des Côtes d'Ardoise 16, **102**

Domaine des Salamandres **44,** 196

Domaine du Nival **48**

Domaine du Ridge **106,** 182, 185, 195, 204

Domaine Les Brome **110,** 191, 192

Domaine St-Jacques 50, **54,** 185, 196, 197, 205

L

Le Mas des Patriotes **58,** 206, 207

Les Pervenches 50, **116**

N

Négondos vignoble biologique 98, **148**

V

Val Caudalies **64**

Vignoble 1292 **90**

Vignoble Cortellino **70**

Vignoble Côte de Vaudreuil **76,** 207, 208

Vignoble de la Rivière du Chêne 41, 64, **152,** 186, 187, 199, 200, 209

Vignoble de L'Orpailleur 16, 98, 100, 102, 106, **122,** 206

Vignoble des Pins **82,** 99

Vignoble du Ruisseau **126**

Vignoble Gagliano 100, **134,** 180, 181, 198, 208, 209

Vignoble Kobloth **86**

Vignoble La Bauge **138**

Index des vins et spiritueux

MOUSSEUX

Charles Meunier Brutus 178

Château de Cartes Mousseux rosé 2016 178

Coteau Rougemont Bulles Versant Blanc ... 179

Domaine de Lavoie Mousseux 2017 179

Domaine de Lavoie Mousseux rosé 2016 180

Vignoble Gagliano Donna Livia Mousseux 2016 180

Vignoble Gagliano Donna Livia Mousseux rosé 2016 181

Domaine du Ridge Berthelot-Paradis 182

ROSÉS

La Cantina Vallée d'Oka Le Rosé du Calvaire 2017 183

Domaine Bergeville Le Rosé Brut 183

Domaine Le Grand Saint-Charles Duo de Frontenac 2017 184

Domaine du Ridge Champs de Florence 2017 185

Domaine St-Jacques Rosé 2018 185

Les Entreprises Carone SENC Carone Bin 33 2014 186

Vignoble Rivière du Chêne Le Rosé Gabrielle 2018 186

Malivoire Wine Company Malivoire Ladybug 2018 214

BLANCS

La Cantina Vallée d'Oka Chardonnay 2018 187

Le Chat Botté 2017 187

Château de Cartes Saint-Pépin 2017 188

Le Château de la Grange Le Chant des Vignes 2014 188

Coteau Rougemont Chardonnay La Côte 2016 189

Coteau Rougemont La Plage Chardonnay 2017 189

Coteau Rougemont St-Pépin Réserve 2016 190

Coteau Rougemont Vidal Réserve 2016 190

Coteau Rougemont Versant Blanc 2017 191

Domaine Les Brome Cuvée Charlotte 2017 ... 191

Domaine Les Brome Vidal 2017 192

Domaine Le Grand Saint-Charles Frontenac Gris 2017 192

Domaine Le Grand Saint-Charles Vidal 2017 193

Domaine Labranche Vin Blanc 2017 193

Domaine de Lavoie 2017 194

Domaine de Lavoie Réserve 2016 194

Domaine du Ridge Le Stanbridge 2017 195

Domaine du Ridge Vent d'Ouest 2017 195

Domaine des Salamandres Vendange Tardive 2016 196

Domaine St-Jacques Classique Blanc 2018 ... 196

Domaine St-Jacques Pinot Gris 2017 197

L'Orpailleur 2018 198

Vignoble Gagliano Frontenac Gris 2017 198

Vignoble Rivière du Chêne Cuvée William 2018 199

Vignoble de Ste-Petronille Voile de la Mariée 2016 199

Andrew Peller Wayne Gretzky Estates n° 99 Chardonnay VQA Niagara Peninsula 2015 214

Andrew Peller Wayne Gretzky n° 99 Pinot Grigio Okanagan 2017 215

Andrew Peller Wayne Gretzky Estates n° 99 Riesling 2016 215

Closson Chase The Brock Chardonnay 2016 216

Closson Chase Chardonnay South Clos 2016 216

Culmina Decora Riesling 2017 217

Flat Rock Cellars Chardonnay 2016..........217

Henry of Pelham Sauvignon Blanc Péninsule du Niagara 2017.............................. 218

Henry of Pelham Chardonnay 2017......... 218

Inniskillin Niagara Estate Series Unoaked Chardonnay 2017......... 219

Inniskillin Niagara Estate Series Pinot Grigio 2017.......... 219

Inniskillin Niagara Estate Late Autumn Riesling 2017 220

Jackson-Triggs Niagara Reserve Sauvignon Blanc 2017 220

Malivoire Wine Company Malivoire Chardonnay 2017.............................. 221

Mission Hill Five Vineyards Pinot Blanc 2016 221

Mission Hill Reserve Chardonnay 2017.........222

Pelee Island Eco Vidal Chardonnay 2017.........222

Pelee Island Tailwind Chardonnay Auxerrois 2016 223

Stratus Vineyards Tollgate Chardonnay 2016 223

Tawse Winery Chardonnay 2017.........224

Tawse Winery Unfiltered Quarry Road Chardonnay 2017..............................225

ROUGES

La Cantina Vallée d'Oka Pinot Noir 2017 200

Le Chat Botté 2017........200

Le Château de la Grange Le Chant des Vignes 2013............201

Coteau Rougemont Le Grand Coteau 2016 201

Coteau Rougemont Versant Rouge 2017.....202

Domaine Labranche Vin Rouge 2017.............202

Domaine de Lavoie 2016 203

Domaine de Lavoie La Tourelle 2016...........203

Domaine du Ridge Le bâtonnier 2017 204

Domaine du Ridge Clos du Maréchal 2017........ 204

Domaine St-Jacques Pinot Noir 2017 205

Domaine St-Jacques Sélection Rouge 2017............................. 205

L'Orpailleur 2017 206

Le Mas des Patriotes Le Sieur Rivard Réserve 2017.............................. 206

Le Mas des Patriotes Le Sieur Rivard Sélection 2017...............................207

Vignoble Côte de Vaudreuil Tango 2014..207

Vignoble Côte de Vaudreuil Tango Réserve Spéciale 2015............... 208

Vignoble Gagliano Frontenac Noir 2017... 208

Vignoble Gagliano Tinello 2017 209

Vignoble de la Rivière du Chêne Phénix 2017...... 209

13th Street Winery Gamay 2017..................225

Andrew Peller Wayne Gretzky Estates N° 99 Cabernet Merlot 2017...............................226

Bachelder Niagara Bachelder Gamay Wismer Foxcroft Vineyard 2016 226

Château des Charmes Wines Equuleus St. David's Bench Niagara Peninsula 2012 227

Château des Charmes Wines Pinot Noir 2016............227

Domaine Queylus Tradition Pinot Noir 2015 228

Domaine Queylus Pinot Noir Grande Réserve 2014 228

Domaine Queylus Pinot Noir Réserve 2013........229

Flat Rock Cellars Pinot Noir 2016........... 230

Grange of Prince Edward Cabernet Franc 2014 230

Henry of Pelham Baco Noir 2017 231

Henry of Pelham Baco Noir Vieilles Vignes 2017.............................. 231

Hidden Bench Estate Pinot Noir 2016............232

House Wine Co Red House Cabernet Merlot 2016 232

Inniskillin Niagara Estate Pinot Noir 2017 233

Jackson-Triggs Niagara Black Reserve Merlot 2016 233

Malivoire Wine Company Malivoire Gamay 2017 234

Mission Hill Five Vineyards Cabernet Merlot 2017 234

Osoyoos Larose Pétales d'Osoyoos 2015 235

Pelee Island Winery Eco Red Select Cuvee Pelee Island 235

Osoyoos Larose Le Grand Vin 2015 236

Pelee Island Winery Tailwind Reserve Cabernet Franc Cabernet Sauvignon 2016 237

Pelee Island Winery Tailwind Gamay Zweigelt 237

VIN DESSERT

Le Chat Botté Paillé Ambré 2013 210

VINS DE GLACE

Coteau Rougemont Vidal 2013 210

Inniskillin Niagara Vidal 2017 238

SPIRITUEUX

Absintherie des Cantons Absinthe Fleur Bleue 242

Absintherie des Cantons Absinthe Joual Vert 2017 243

Distillerie Fils du Roy La Courailleuse 243

Absintherie des Cantons Aquavit Belle-Isle 244

Distillerie Shefford Acérum Blanc 244

Distillerie Shefford Acérum Brun 245

Maison Sivo Inc. Valkyrie Aquavit 245

1769 Distillerie Madison Park Breakfast Gin 246

1769 Distillerie Madison Park Gin Vieilli en Fût 247

Absintherie des Cantons Old Major Tom Gin 247

Absintherie des Cantons Panoramix Gin 248

Absintherie des Cantons Wendigo Dry Gin à l'Argousier 249

BluePearl Distillery Inc.
BleuRoyal Gin 249

Brasserie et distillerie Oshlag
Gin Hibiscus 250

Brasserie et distillerie Oshlag
Peter McAuslan's Gin Holy
Smoke! 250

Distillerie Cirka
Gin 375 édition
limitée 251

Distillerie Cirka
Sauvage Dry Gin 251

Distillerie de La
Chaufferie London
Dry Gin Furlong...........252

Distillerie de Québec
Trait Carré Dry Gin 252

Distillerie du Fils du Roy
Rocher Malin Dry Gin..253

Distillerie du Fils du Roy
Thuya...........................253

Distillerie du Fjord
Gin Km12 254

Distillerie du St. Laurent
Dry Gin 255

Distillerie du St. Laurent
Vieux Dry Gin...............255

Distillerie Wabasso
Dry Gin 256

Domaine Lafrance
Dandy Gin 257

Domaine Lafrance
Dandy Old Tom Gin.....257

Les spiritueux Ungava
Premium Dry Gin.........258

Malchers Maxi
Dry Gin 258

Pur Vodka Romeo's
Gin Dry Gin 259

Les Subversifs
Microdistillerie Le Gin
de Marie-Victorin 260

Distillerie Artist In
Residence Mayhaven
Liqueur de gingembre 260

Distillerie Wabasso
Bourgeon 261

Maison Sivo Inc.
Shámán 262

Maison Sivo Inc.
Liqueur
de Rhubarbe 262

Michel Jodoin
Liqueur de Pomme 263

Mondia Alliance
Barista Liqueur
de Café 263

Les Subversifs
Microdistillerie
Le Réduit de Léo 264

Les Subversifs
Microdistillerie
Amernoir......................264

1769 Distillerie
MVodka 265

1769 Distillerie
MVodka Reserve..........265

Brasserie et Distillerie
Oshlag – Oshlag..........266

Distillerie Artist in
Residence Vodkalight..267

Distillerie Cirka
Terroir..........268

Distillerie de Québec
Cap Diamant Vodka....269

Distillerie Fils du Roy
Grande Bagosse
Version Al Capone.......269

Les spiritueux Ungava
Quartz Premium
Vodka..........270

Mondia Alliance
Kamouraska Bacon.....270

Pur Vodka Ultra
Premium..........271

Les Subversifs
Microdistillerie
La Vodka de Irma.........272

1769 Distillerie
Whisky Canadien
3 ans..........272

Distillerie Artist in
Residence Kilinger Rye 273

Distillerie de Québec
Trait carré 1665...........273

Distillerie du St. Laurent
Moonshine Whisky.....274

Maison Sivo Inc.
Le Rye..........274

Maison Sivo Inc.
Le Single Malt..........275

Domaine Lafrance
Georges-Étienne 3 ans
Brandy de Pommes.....276

Domaine Lafrance
Pure Légende..........276

Michel Jodoin Brandy
de Pomme 3 ans..........277

Distillerie Wolfsberger
Sainte Marie
Rhum Épicé..........277

Les spiritueux Ungava
Chic Choc..........278

Distillerie du Fils du Roy
La Grande Hermine
Pastis Bas St-Laurent..278

APÉRITIF

Les Subversifs
Microdistillerie
Amermelade..........279

REMERCIEMENTS

Un mot pour dire merci à ma famille, Judith, Maëlle et Emma, et louer leur patience durant la rédaction de ce guide.

Je remercie chaleureusement François Couture, qui m'a donné un sérieux coup de pouce durant cette aventure, en plus de signer les photographies de ce livre. Les frites graisseuses « dégustées » dans les cabanes à patate du Québec étaient savoureuses en sa compagnie.

Je ne peux que saluer bien bas l'équipe des éditions les Malins, particulièrement Marc-André Audet – merci pour la première chance ! – ainsi que Katherine Mossalim et Marie-Pascale Danis, qui m'ont talonné sans relâche pour me faire respecter les échéances de cette publication. Sans oublier mes professeurs de l'Institut de tourisme et d'hôtellerie du Québec (ITHQ), Véronique Dalle, Conrad Morin, Romain Gruson et Olivier Merotto.

Un merci spécial aux deux premières personnes qui m'ont permis d'entrer dans le métier de chroniqueur de vin : Dominique Gagné et Jérôme Hellio.

Enfin, le dernier remerciement va aux vignerons qui m'ont généreusement ouvert les portes de leurs domaines, de leurs chais, de leur savoir et de leur passion.